라일리우스 우정론

정암고전총서 키케로 전집

라일리우스 우정론

키케로

김남우 옮김

아카넷

'정암고전총서'를 펴내며

　그리스 · 로마 고전은 서양 지성사의 뿌리이며 지혜의 보고이
다. 그러나 이를 한국어로 직접 읽고 검토할 수 있는 원전 번역
은 여전히 드물다. 이런 탓에 우리는 서양 사람들의 해석을 수동
적으로 수용하는 처지를 완전히 극복하지 못하고 있다. 사상의
수입은 있지만 우리 자신의 사유는 결여된 불균형의 문제를 안
고 있는 것이다. 이런 상황은 우리의 삶과 현실을 서양의 문화유
산과 연관 지어 사색하고자 할 때 특히 심각한 문제를 야기한다.
우리 자신이 부닥친 문제를 자기 사유 없이 남의 사유를 통해 이
해하거나 해결하는 것은 거의 불가능하기 때문이다. 우리의 문
제에 대한 인문학적 대안들이 때로는 현실을 적확하게 꼬집지
못하는 공허한 메아리로 들리는 것도 그런 이유 때문일 것이다.
　한 공동체에서 살아가는 사람들이 자신들의 생각과 말을 나누
며 함께 고민하는 문제와 만날 때 인문학은 진정한 울림이 있는

메아리가 될 수 있다. 이것은 우리가 우리의 현실을 함께 고민하는 문제의식을 공유함으로써 가능하겠지만, 그조차도 함께 사유할 수 있는 텍스트가 없다면 요원한 일일 것이다. 사유를 공유할 텍스트가 없을 때는 앎과 말과 함이 분열될 위험에 노출될 수 있기 때문이다. 이런 점에서 진정한 인문학적 탐색은 삶의 현실이라는 텍스트, 그리고 생각을 나눌 수 있는 문헌 텍스트와 만나는 이중의 노력에 의해 가능할 것이다.

현재 한국의 인문학적 상황은 기묘한 이중성을 보이고 있다. 대학 강단의 인문학은 시들어 가고 있는 반면 대중 사회의 인문학은 뜨거운 열풍이 불어 마치 중흥기를 맞이한 듯하다. 그러나 현재의 대중 인문학은 비판적으로 사유하는 인문학이 되지 못하고 자신의 삶을 합리화하는 도구로 전락하는 경향이 없지 않다. 사유 없는 인문학은 대중의 욕망을 충족시키기 위해 소비되는 상품에 지나지 않는다. '정암고전총서' 기획은 이와 같은 한계상황을 극복할 수 있는 기본적인 토대를 마련하고자 하는 절실한 문제의식에서 시작되었다.

정암학당은 철학과 문학을 아우르는 서양 고전 문헌의 연구와 번역을 목표로 2000년 임의 학술 단체로 출범하였다. 그리고 그 첫 열매로 서양 고전 철학의 시원이라 할 『소크라테스 이전 철학자들의 단편 선집』을 2005년도에 펴냈다. 2008년에는 비영리 공익법인의 자격을 갖는 공적인 학술 단체의 면모를 갖추고 플라톤 원전 번역을 완결할 목표 아래 지금까지 20여 종에 이르는 플라톤 번역서를 내놓고 있다. 이제 '플라톤 전집' 완간을 눈앞에 두고 있는 시점에 정암학당은 지금까지의 시행착오를 밑거름 삼아 그리스·로마의 문사철 고전 문헌을 한국어로 옮기는 고전 번역 운동을 본격적으로 펼치려 한다.

정암학당의 번역 작업은 철저한 연구에 기반한 번역이 되도록 하기 위해 처음부터 공동 독회와 토론을 통해 이루어진다. 번역 초고를 여러 번에 걸쳐 교열·비평하는 공동 독회 세미나를 수행하여 이를 기초로 옮긴이가 최종 수정하는 방식으로 진행된다. 이같이 공동 독회를 통해 번역서를 출간하는 방식은 서양에서도 유래를 찾기 어려운 번역 시스템이다. 공동 독회를 통한 번역은 매우 더디고 고통스러운 작업이지만, 우리는 이 같은 체계적인 비평의 과정을 거칠 때 믿고 읽을 수 있는 텍스트가 탄생할 수 있다고 확신한다. 이런 번역 시스템 때문에 모든 '정암고전총서'에는 공동 윤독자를 병기하기로 한다. 그러나 윤독자들의 비판을 수용할지 여부는 결국 옮긴이가 결정한다는 점에서 번역의 최종 책임은 어디까지나 옮긴이에게 있다. 따라서 공동 윤독에 의한 비판의 과정을 거치되 옮긴이들의 창조적 연구 역량이 자유롭게 발휘될 수 있도록 노력하였다.

정암학당은 앞으로 세부 전공 연구자들이 각각의 연구팀을 이루어 연구와 번역을 병행함으로써 아리스토텔레스 철학 원전, 키케로 전집, 헬레니즘 선집 등의 번역본을 출간할 계획이다. 그리고 이렇게 출간될 번역본에 대한 대중 강연을 마련하여 시민들과 함께 호흡할 수 있는 장을 열어 나갈 것이다. 공익법인인 정암학당은 전적으로 회원들의 후원으로 유지된다는 점에서 '정암고전총서'는 연구자들의 의지뿐만 아니라 시민들의 소중한 뜻이 모여 세상 밖에 나올 수 있는 셈이다. 이런 점에서 '정암고전총서'가 일종의 고전 번역 운동으로 자리매김되길 기대한다.

'정암고전총서'를 시작하는 이 시점에 두려운 마음이 없지 않으나, 이런 노력이 서양 고전 연구의 디딤돌이 될 것이라는 희망, 그리고 새로운 독자들과 만나 새로운 사유의 향연이 펼쳐질 수 있으리라는 기대감 또한 적지 않다. 어려운 출판 여건에도 '정암고전총서' 출간의 큰 결단을 내린 아카넷 김정호 대표에게 경의와 감사의 뜻을 전한다. 끝으로 정암학당의 기틀을 마련했을 뿐만 아니라 앎과 실천이 일치된 삶의 본을 보여 주신 이정호 선생님께 존경의 마음을 표한다. 그 큰 뜻이 이어질 수 있도록 앞으로도 치열한 연구와 좋은 번역을 내놓는 노력을 다할 것이다.

2018년 11월
정암학당 연구자 일동

'정암고전총서 키케로 전집'을 펴내며

"철학 없이는 우리가 찾는 연설가를 키워낼 수 없다(Sine philosophia non posse effici quem quaerimus eloquentem)."(『연설가』4.14)

키케로가 생각한 이상적 연설가는 철학적 사유가 뒷받침된 연설가이다. 정암학당 키케로 연구 번역팀의 문제의식 역시 여기서 출발한다. 당파를 지키고 정적을 공격하는 수많은 연설문, 연설문 작성의 방법론을 논하는 수사학적 저술, 개인적 시각에서 당대 로마 사회를 증언하는 사적인 편지 등 로마 공화정 말기를 기록한 가장 풍부한 문헌 자료들을 남긴 키케로를 전체적으로 이해하는 토대는 그의 철학 저술이다.

키케로의 철학 저술은 그의 모든 저술을 이해하는 벼리가 될 뿐만 아니라, 로마 문명이 희랍 철학을 주체적으로 수용하게 되는 계기를 제공했다는 점에서 중요한 철학사적 의의를 지닌다.

기원전 1세기 전후로 본격화된 희랍 철학자들과의 교류를 통해 회의주의 아카데미아 학파, 소요 학파, 스토아 학파, 에피쿠로스 학파, 견유 학파 등의 학설이 로마에 소개되고 정착되었으며, 그 과정에서 키케로는 당시 로마 사회의 지적인 요구와 실천적 관심을 반영한 철학책들을 라티움어로 저술했다. 그의 철학 저술은 희랍 철학이 로마라는 새로운 용광로에서 뒤섞이고 번역되어 재창조되는 과정을 생생하게 보여준다.

키케로의 철학 저술에 담긴 내용은 비단 철학에 국한되지 않는다. 정치가로서 탁월한 그의 역할에 비례하여 로마법에 대한 해박한 지식이, 로마 전통에 대한 자긍심과 희랍 문물을 로마에 소개하려는 열정에 의해 희랍과 로마 문학 작품의 주옥같은 구절들이 그의 저술 곳곳에 박혀 있다. 이에 정암학당 키케로 연구 번역팀은 고대 철학, 법학, 문학, 역사 전공자들이 한자리에 모여 함께 그의 작품을 연구하기 시작하였고, 이는 이미 10년을 훌쩍 넘겼다. 서로 다른 전공 분야의 이해와 어휘를 조율하는 어려움 속에서도 키케로 강독은 해를 거듭하면서 점차 규모와 체계를 갖추게 되었다. 번역어 색인과 인명 색인이 쌓였고, 미술사를 포함한 인접 학문과의 연계와 접점도 확대되었으며, 이제 키케로의 철학 저술을 출발점으로 삼아, 정암고전총서 키케로 전집을 선보인다.

키케로 전집 출간이라는 이 과감한 도전은 2019년 한국연구재

단의 연구소 지원사업을 통해 획기적으로 진척되었으며, 2020년 이탈리아 토리노 대학 인문학부와의 협약으로 키케로 저술과 관련된 문헌 자료 지원을 받게 되었다. 이 두 기관은 정암고전총서 키케로 번역 전집을 출간하는 데 큰 도움을 주었다. 그러나 이 도전과 성과는 희랍 로마 고전 번역의 토대가 되도록 정암학당의 터를 닦은 이정호 선생님, 이 토대를 같이 다져주신 원로 선생님들, 20년에 걸친 플라톤 번역의 고된 여정을 마다하지 않은 정암학당 선배 연구원들, 그리고 서양 고대 철학에 대한 애정과 연구자들에 대한 호의로 정암학당을 아껴주신 후원자들, 흔쾌히 학술출판을 맡아준 아카넷 출판사가 없었다면 불가능했을 것이다. 학문 공동체의 면모가 더욱 단단해지는 가운데 우리는 내일 더 큰 파도를 타리라.

2021년 9월

정암고전총서 키케로 전집 번역자 일동

차례

작품 내용 구분(문단 번호)

일러두기

1. 이 책의 번역은 J. G. F. Powell(2006) *M. Tulli Ciceronis Laelius de amicitia*, Oxford 편집본을 기준으로 삼았다.
2. 국립국어원의 맞춤법 규정을 따르지 않은 단어가 있다. 예를 들어 '희랍'은 '고대 그리스'를 가리키며 '라티움어'는 '라틴어'를 가리킨다.
3. 키케로의 우정론과 비교할 수 있도록 크세노폰의 『소크라테스 회상』 가운데 우정을 다룬 대목을 부록으로 함께 묶었다.
4. 작품 안내의 '제2장 행복한 삶에서의 우정의 역할'은 앞서 발표된 「농촌 삶의 행복과 우정: 호라티우스의 초기 서정시 I∼III 연구」(2017)에 실린 것을 조금 다듬어 인용한 것이다.

라일리우스 우정론

| 1 조점관 퀸투스 무키우스께서는[1] 그의 장인 가이우스 라일리우스를[2] 기리면서 즐겁게 많은 이야기를 들려주곤 하셨고, 이

1 퀸투스 무키우스 스카이볼라는 기원전 157년에 태어났다. 기원전 121년 아시아 속주의 총독을 역임하였고, 기원전 117년 집정관을 지냈다. 그는 기원전 88년 사망할 때까지 법률자문의 일에 종사하였고 법률을 키케로에게 가르쳤다. 흔히 그를 조점관 스카이볼라라고 부른다. 그는 키케로의 저서 『국가론』과 『연설가론』에서도 중요한 대화자로 등장한다. 현자 라일리우스는 두 딸을 두었는데 소(少)라일리아는 조점관 스카이볼라의 아내다.

2 현자 가이우스 라일리우스는 기원전 190년에 태어났다. 라일리우스는 철학 공부에 열정을 보였고, 기원전 155년 아테나이 사절로 로마를 찾은 카르네아데스, 크리톨라오스, 디오게네스의 연설을 경청하였다. 이후 스토아철학자 파나이티오스와 어울렸다. 기원전 140년 집정관을 지냈다. 농지 개혁과 토지 분배에 반대하는 입장은 아니었으나, 귀족당파의 입장에서 농지법 입법안을 부결시킴으로써 '현자'라는 별칭을 얻었다.

야기할 때마다 주저 없이 그를 현자라고 칭하셨습니다. 그런데 나는 성인 토가를 입고 성인식을 치르면서[3] 아버지에게 이끌려 스카이볼라를 뵈었는데, 아버지는 내가 할 수 있는 한, 그리고 할 수 있을 때까지 그 어른의 곁을 결코 떠나지 말라고 하셨습니다. 그리하여 나는 그 어른께서 현명하게 논의하신 많은, 짧지만 적절했던 말씀들까지 머리에 담으려 하였으며, 그 어른의 전문지식을 더욱 많이 배우려고 정진하였습니다. 그 어른이 돌아가셨을 때 나는 대제관 스카이볼라의[4] 문하로 옮겼는데, 나는 이 분이 재능과 정의감에서 우리나라 사람들 가운데 단연 최고로 탁월한 사람이라고 감히 주장합니다. **2** 하지만 이는 다른 때에 이야기하기로 하고, 지금은 조점관 어른 이야기로 돌아가겠습니다. 왕왕 내 기억에 떠오르는 많은 것이 있지만, 특히 그 어른이 댁에서, 평소에 그런 것처럼 반원 탁자에[5] 몇몇 아주 가까운 이들이 둘러앉고 나도 동석한 가운데, 당시 시중에 돌고 있던

---

3 '성인 토가 *virilis toga*'는 17세가 되면서 입는다. 그보다 어린 나이이거나 관직을 얻으면 자주색 줄무늬를 옷깃에 들인 '염색 토가 *toga praetexta*'를 입는다.

4 최고 대제관 퀸투스 무키우스 스카이볼라는 기원전 140년 출생하였으며, 조점관 스카이볼라의 조카였을 것이다. 그는 기원전 95년 집정관을 지냈고, 이듬해 아시아 속주의 총독을 역임하였다. 기원전 82년 마리우스 일당에 의해 처형되었다. 키케로는 『연설가론』 I 30 이하에서 대제관 스카이볼라를 법률에 가장 박식하고 연설에 매우 탁월했던 법률가로 기억한다.

5 키케로가 『아카데미아 학파』 I 4, 14 "우리 모두는 마주앉았다"라고 말한 것처럼 모두가 서로를 마주보고 앉을 수 있도록 설계된 반원형 탁자다.

그 이야기에 빠져들던 모습을 나는 기억합니다.

그러니까 아티쿠스,[6] 당신도 분명히 기억할 테고, 푸블리우스 술피키우스와[7] 가깝게 교유하였으니 더욱더 잘 기억할 테지만, 당시 호민관이던 푸블리우스 술피키우스는 집정관이던 퀸투스 폼페이우스와[8] 서로 죽일듯한 증오심을 품고 갈라섰습니다. 그 전에는 서로 더없이 친밀하였고 서로를 더없이 아꼈는데 말입니다. 또 사람들은 이 일에 얼마나 크게 놀라거나 탄식하였습니까!

3 그리하여 스카이볼라 어른께서 바로 그 이야기를 언급하게 되셨을 때, 라일리우스가 우정을 주제로 들려준 이야기를 우리에게 들려주셨는데, 이 이야기는 아프리카누스가[9] 작고한 며칠 뒤

6　티투스 폼포니우스 아티쿠스는 키케로가 그의 책 『노(老)카토 노년론』과 『라일리우스 우정론』을 헌정한 키케로의 가까운 친구로 그들의 우정은 평생 동안 이어졌다. 아티쿠스는 기원전 109년에 키케로와 마찬가지로 기사계급의 집안에서 출생하였다. 그는 평생 공직에 참여하지 않았으며, 주로 아테나이에 머물렀다. 키케로의 동생 퀸투스는 아티쿠스의 동생과 결혼하였다.

7　푸블리우스 술피키우스 루푸스는 기원전 93년 재무관을 거쳐, 기원전 88년 호민관이 되었다. 그는 '온건한 개혁'을 주장하면서 귀족당파의 기대와 달리 마리우스 쪽으로 기울었다. 기원전 88년 로마로 돌아온 귀족당파의 술라에 의해 술피키우스는 국가의 적으로 선포되어 살해되었다.

8　퀸투스 폼페이우스 루푸스는 기원전 88년 마리우스 당파에 의해 집정관직을 박탈당하여 로마를 떠났다가 술라와 함께 로마로 돌아와 마리우스 당파를 척살하였다. 기원전 87년 시가전 중에 살해되었다.

9　푸블리우스 코르넬리우스 스키피오 아이밀리아누스 아프리카누스를 가리키는데, 소위 소(少)스키피오라고 불린다. 그는 기원전 185년 루키우스 아이밀리우스 파울루스의 아들로 태어났으며, 노(老)스키피오의 아들에게 입양되었

에 라일리우스가 자신과 또 다른 사위, 마르쿠스의 아들 가이우스 판니우스에게[10] 들려준 것이라고 하셨습니다. 나는 스카이볼라 어른이 들려주신 이야기의 핵심들을 기억에 담아두었고, 이를 이 책에서 내 재량껏 번져 놓았습니다.[11] 그러니까 마치 본인들이 말하는 것처럼 하여 '내가 말했다'와 '그가 말했다'를 반복해서 삽입하지 않고, 마치 눈앞에서 그들이 대화를 나누는 것처럼 보이도록 하였습니다.

4 당신은 왕왕 나에게 우정을 다루는 무언가를 쓰도록 채근하였는데, 이 주제는 모든 이가 알아야 마땅한 것이면서 우리의 친분을 고려할 때 적절해 보였습니다. 그래서 나는 당신의 요청에 따라 기꺼이 많은 이에게 유익할 일을 하였습니다. 그런데 당신에게 앞서 보낸, 노년을 다룬 『노(老)카토』에서 나는 노년의 카토를[12] 화자로 삼았는데, 당시 최고령의 노인이었으면서도 그 정도

다. 기원전 147년과 134년 집정관을 역임하였다. 기원전 129년 갑작스럽게 사망하였다. 그는 희랍 문화를 애호하였으며, 그의 주변에는 그런 사람들이 모여 있었다.

10 가이우스 판니우스는 기원전 136년 재무관, 기원전 122년 집정관을 지냈다.

11 키케로가 조점관 스카이볼라 문하로 들어간 것은 기원전 90년인데, 이 시기는 삼니움 전쟁 등 이탈리아 전쟁이 발발하고, 로마 혁명이 이어지면서 마리우스와 술라 사이에 내전이 격화되는 때였다. 기원전 88년 스카이볼라는 사망하기 직전에 라일리우스의 우정 이야기를 들려준다.

12 마르쿠스 포르키우스 카토 켄소리우스는 호구감찰관 카토로 유명하다. 기원전 235년에 태어나 기원전 149년에 사망하였다. 기원전 195년 집정관을

노령의 다른 사람들보다 왕성한 그가 등장인물로 나와, 노령을 두고 이야기하는 것이 다른 등장인물보다 안성맞춤으로 보였기 때문이었습니다. 꼭 그처럼 가이우스 라일리우스와 푸블리우스 스키피오의 친분이 다른 무엇보다 기릴 만한 것이라고 어른들로부터 들었던 차에, 나는 라일리우스를 등장인물로 삼아, 스카이볼라 어른께서 라일리우스가 이야기하였다고 기억하는 바로 그 우정을 라일리우스가 직접 논하도록 하는 것이 좋겠다 생각하였습니다.[13] 어떻게 그런지는 모르겠으나 옛사람들의, 그것도 고명한 사람들의 권위에 기대어 꺼내 놓은 이야기 유형이 좀 더 무게가 있어 보이는 것이 사실입니다. 그래서 나도 내 책을 읽으면 때로 내가 아니라 카토가 이야기하고 있다고 생각할 정도입니다. **5** 그런데 그때 노년의 내가 노년의 당신에게 노년을 다룬 글을 보낸 것처럼, 지금 이 책에서는 세상에 둘도 없는 친구에게 친구인 내가 우정을 다루는 글을 적어 보냅니다. 그때는 아마 그

역임하였고, 기원전 184년 호구감찰관을 맡아 매우 엄정한 모습을 보여주었다. 그는 다양한 학문적 훈련을 받았고, 이로써 '현자'라고 불렸다고 키케로는 기록하고 있는데, 당시 유행하던 희랍 문화와 교양에는 늘 일정한 거리를 두고 있었고 미심쩍어 했다고 한다. 카토가 남긴 글로는 『오리기네스 *Origines*』와 『농업서 *De agri cultura*』가 있으나, 전자는 현재 전하지 않는다.

13 『노(老)카토 노년론』을 집필한 직후에 『라일리우스 우정론』을 썼다고 말하는데, 아마도 집필연도는 기원전 44년일 것이며, 여러 정황으로 보건대, 가을경에는 이미 완성되었던 것으로 보인다.

당시의 어느 누구보다 나이가 많았을, 어느 누구보다 현명한 카토가 화자였습니다. 지금은 라일리우스가, 사람들이 그를 그렇게 여겼던 대로 지혜로운 분이면서 우정의 명성으로 탁월한 분이 우정을 두고 이야기하겠습니다. 바라건대 당신도 잠깐 동안 내게서 생각을 틀어, 라일리우스 본인이라고 생각해 주십시오. 가이우스 판니우스와 퀸투스 무키우스는 아프리카누스의 별세 직후 장인 댁을 찾아옵니다.[14] 이들로부터 이야기가 시작되며, 라일리우스가 대답합니다. 라일리우스의 논의는 전적으로 우정을 다룬 것입니다. 이 이야기를 읽는 가운데 당신도 당신 자신을 발견하게 될 겁니다.

II 6 판니우스 장인어른, 그 말씀이 옳습니다. 아프리카누스보다 훌륭한 사내도, 그보다 유명한 사내도 없었습니다. 그런데 모든 이의 눈이 장인어른을 향하고 있음을 생각하셔야 합니다. 사람들은 아버님을 현자라고 부르고 그렇게 여기고 있습니다. 이 별호가 얼마 전에는 마르쿠스 카토에게도 주어졌고, 우리 선조들은 루키우스 아킬리우스[15]도 현자라 불렀다고 저희는 알고 있습니다. 하지만 두 분은 각각 다른 방식으로 그러하였는데, 아킬

---

14 기원전 129년 스키피오 아프리카누스가 사망한 지 며칠 지나지 않은 어느 시점으로 보인다.
15 루키우스 아킬리우스는 기원전 200년경의 법률가로 12표법의 주석을 남긴 것으로 유명하다.

리우스는 시민법에 조예가 깊다고 생각되었기 때문이고, 카토는 많은 사물[16]에 밝았기 때문이었습니다. 카토가 원로원은 물론 로마광장에서 행한 많은 일이, 그러니까 그의 현명한 대처들이나 한결같은 처신들이나 날카로운 유권해석들이 언급되곤 하였습니다. 그 때문에 카토는 노년에 '현자'를 이름처럼 달고 다녔습니다. **7** 하지만 아버님은 또 다른 방식인데, 본성과 성품에서는 물론 탐구와 학문에서도 현자라고 불리시는 줄로 압니다. 대중이 말하는 현자가 아니라, 학식 있는 사람들이 말하는 현자이십니다. 그런 현자는 희랍 땅에서 찾아볼 수 없는데, 지나치게 엄밀하게 따져 묻는 사람들은[17] 소위 칠현인조차 현자로 여기지 않기 때문으로, 오직 아테나이에 한 사람이 있다고 저희는 들었습니다. 그 사람은 심지어 아폴론의 신탁에 의해서도 가장 현명한 사람이라는 판단을 받았다고 합니다.[18] 바로 이런 지혜가 아버님에게 있다고 사람들은 생각합니다. 모든 것은 자기 자신에게 달려 있다, 모든 인간적 불운은 덕을 이기지 못한다고 아버님이 생각하시는 것을 두고 말입니다. 그래서 사람들이 저에게, 그리고 제

---

16 카토는 농업을 비롯하여 역사, 연설, 법, 전쟁, 정치에 대해 높은 식견을 가지고 있었다고 한다.

17 스토아 학파로 보이는데, 아래의 18에도 언급된다.

18 플라톤, 『소크라테스의 변명』 21a "아폴론 여사제는 저보다 지혜로운 사람은 없으리라는 신탁을 내놓았습니다." 디오게네스 라에르티오스, 『유명한 철학자들의 생애와 사상』 II 37 "모든 사람 가운데 소크라테스가 가장 현명하다."

생각에는 여기 스카이볼라에게도 마찬가지로 묻는 것은, 아프리카누스의 별세 이후 아버님이 어찌 이겨내고 계시느냐입니다. 더욱이 지난 초이레에[19] 늘 그러는 것처럼 조점관 데키우스 브루투스의[20] 정원에 조점 행례를 위해 모였을 때, 한 번도 빠짐없이 늘 세심하게 그날과 그 일을 살피던 아버님이 참석하시지 않으셨기 때문입니다.

8 스카이볼라 장인어른, 판니우스가 말한 것처럼 실로 많은 사람이 묻고 있습니다. 하지만 저는 제가 본 대로 대답하였는데, 장인어른께서는 더없이 위대하면서도 더없이 절친하였던 분의 별세 때문에 고통을 받으면서도 이를 절도 있게 이겨내고 계신다, 흔들리지 않을 수야 없고 흔들리지 않는 건 또 아버님의 인간적인 면모에 부합하지 않는다 하였습니다. 하지만 초이레에 우리 회합에 참석하지 않으신 것은 건강 때문이지 슬픔 때문은 아니라고 답변하였습니다.

라일리우스 스카이볼라, 자네는 실로 옳게 그리고 진실되게 대답하였네그려. 내가 건강할 때 늘 준수하던 그 의무를 나의 불행

---

19 원문 '*nonae*'는 3월, 5월, 7월, 10월의 제7일, 나머지 달의 제5일을 가리키는 말이다. 아래의 14절을 토대로 추측하면, 스키피오의 사망 시점은 '라티움 축제' 직후였고, 라티움 축제는 정무관 취임일을 기준으로 한다. 정무관 취임일은 기원전 153년 이후 1월 1일로 옮겨졌다. 스키피오 장례식 이후 첫 번째 오는 조점관 회합일을 3월로 가정하였다.

20 데키우스 브루투스 칼라이쿠스는 기원전 138년 집정관을 역임하였다.

을 핑계로 번질 수야 없는 노릇이지. 한결같은 사람이라면 어떤 사고에도 의무를 번지는 일은 있을 수 없다고 생각한다네.

9 그런데 판니우스, 자네는 다정하게도 내가 청하지도 받지도 못할 만큼 과분하게 나를 칭찬해 주었지만, 내가 보기에 카토에 관해서는 옳게 판단하지 못하였네. 누구도 현자가 아니었거나, 누군가 있다면, 나는 오히려 그렇게 생각하는데, 그건 카토였기 때문이네. 다른 것들은 접어놓고라도 그가 아들의 죽음을 어떻게 이겨냈던가! 나는 파울루스를 기억하고, 갈루스를 보았네.[21] 하지만 이들은 어린 자식을 잃은 것이고, 카토의 아들은 원숙하고 검증된 사내였네.[22] **10** 그러니 자네 말대로 아폴론이 가장 지혜로운 사람이라고 판단하였던 바로 그 사람을 카토보다 높게 평가하는 것은 삼가도록 하게! 후자가 칭송받는 것은 행동 때문이고, 전자는 말 때문이니 말일세. 그런데 자네들과 이야기하는

---

21 루키우스 아이밀리우스 파울루스 마케도니쿠스는 기원전 182년과 168년에 집정관을 역임하였으며, 제3차 마케도니아 전쟁에서 퓌드나 전투를 승리로 이끌었다. 그는 장성한 아들들을 입양 보냈는데, 그중 하나가 소(少)스키피오이며, 어린 아들들을 여드레 간격으로 잃었다. 키케로, 『투스쿨룸 대화』 III 28, 70을 보라. 가이우스 술피키우스 갈루스는 기원전 157년 집정관을 역임하였는데, 그는 천문학에 조예가 깊었고, 로마인 최초로 일식을 예언하였다.

22 카토의 아들은 기원전 152년 사망 당시 법무관 지명자였으며, 루키우스 아이밀리우스 파울루스 마케도니쿠스의 딸과 결혼한 상태였다. 카토의 아들은 페르세우스 전쟁에서도 혁혁한 전과를 쌓았다.

것이니 말이네만, 자네들 둘 다 나에 관해서는 이렇게들 생각해 주게나!

III 내가 만약 스키피오에 대한 그리움에 흔들리지 않는다고 말한다면, 현자들은 그것이 상당히 옳은 행동이라고 생각하는지 모르겠으나, 분명 나는 거짓을 말하는 것이네. 나는 친구를 잃고 흔들리고 있기 때문이지. 내 생각에 앞으로 다시는 찾을 수 없을 친구를, 내 단언할 수 있는데 둘도 없는 친구를 잃은 것일세. 하지만 나는 치료약이 필요하지 않다네. 나는 내 자신을 스스로 위로하는데, 특히 위안이 되는 것은 대부분의 사람들이 친구를 떠나보내고 시달리기 마련인 오류에 나는 빠지지 않았다는 것이네. 나는 스키피오가 나쁜 일을 겪은 것이라고 생각하지 않네. 뭔가를 겪었다면 그건 오히려 나일세. 자기가 겪은 불편한 일 때문에 심하게 고통스러워하는 것은 친구가 아니라 자기 자신을 사랑하는 자의 행태이지.

11 그런데 스키피오가 영광스럽게 삶을 마쳤음을 누가 부정하겠는가? 그가 불멸을 — 분명 그럴 사람은 아니지만 — 소망했다면 모를까, 인간이 품을 수 있는 소망들 가운데 그가 성취하지 못한 것이 무엇인가? 소년 시절부터 그에게 시민들이 품었던 더없이 높은 기대에 그는 청년이 되어 곧 믿기 힘든 용기로써 부응하였다네. 집정관직에 결코 출마한 적이 없는 그는 두 번이나 집정관이 되었지. 처음은 피선거 연령 이전이었고, 다음은 그의 입

장에서는 피선거 연령에 이른 바로 그해였는데, 국가적 입장에서는 자칫 늦을 뻔한 시점이었지.[23] 그는 이 나라의 패권에 더없이 적대적이었던 두 나라를 정복함으로써[24] 당장의 전쟁뿐만 아니라 미래의 전쟁도 종식시켰다네. 더없이 서글서글한 성품, 모친을 모시는 효심, 누이들을 돌본 관후함, 자기 사람들을 향한 호의, 모든 사람에게 보인 공명정대함은 말해 무엇 하겠나?[25] 자네들도 잘 아는 것들일 테지. 그가 국가에 얼마나 귀중한 존재였는지는 장례식의 애도 물결로 확인되었네. 그러므로 몇 년의 세월이 보태진다 한들 그에게 무슨 도움이 될 수 있었겠나? 내가

23 법률로 정해진 집정관 피선거 연령은 당시 43세였는데, 스키피오가 기원전 147년 제3차 카르타고 전쟁의 군령권을 받은 나이는 36세였다.

24 스키피오는 17세의 나이로 마케도니아의 페르세우스와 싸운 전쟁에 참전하였고, 기원전 151년 히스파니아의 이테르카티아 점령 당시 전공을 세웠다. 기원전 147년에 집정관으로 선출되어 기원전 146년 카르타고를 점령하였고, 기원전 134년에 집정관으로 다시 선출되어 기원전 133년 이베리아 반도의 누만티아를 점령하고 파괴하였다.

25 폴뤼비오스 XXXI 26~28 이하에 기록된 것을 따르면 '친지들과 친구들을 형편이 닿는 한에서 형식에 구애 없이 너그럽게 대하였다.' 스키피오는 친부와 이혼한 친모 파피리아가 그녀의 지위에 걸맞는 생활을 누리지 못하자 그가 할머니 아이밀리아에게 물려받은 유산으로 도와주었다. 아이밀리아는 노(老)스키피오의 아내였다. 그의 어머니 파피리아가 사망하자, 그의 두 여동생에게 아이밀리아에게 물려받은 유산을 양도하였다. 스키피오는 친부 루키우스 파울루스에게 물려받은 유산을 그의 형 퀸투스 파비우스 막시무스에게 양도하였다. 노(老)스키피오의 두 딸이 결혼하면서 약속한 지참금을 미처 다 내주지 못하고 아이밀리아가 사망하자 스키피오는 고모들의 지참금을 법률 규정과 달리 일시에 지급하였다.

기억하기로, 그가 유명을 달리하기 한 해 전에 카토가 나와 스키피오와 더불어 논하였던 것처럼[26] 노년이 비록 고통스럽지 않았겠지만, 스키피오가 최근까지도 보여주던 활력은 빼앗아 갔을 테니 말일세.[27] **12** 따라서 그의 삶은 행운에서나 명성에서나 더 보탤 것이 없을 삶이었네. 그런데 급작스러운 죽음 때문에 그는 죽는다는 자각조차 없었다네. 어떤 종류의 죽음인지 말하기는 조심스러운 일이네만, 사람들이 무엇을 의심하는지는 자네들도 알고 있을 테지.[28] 하지만 이것은 확실히 말할 수 있는데, 푸블리우스 스키피오의 생애에서 그 자신이 보았던 가장 크게 칭송받고 가장 크게 기뻐한 날들 가운데 더없이 소중한 날은 원로원 회의를 마치고 저녁 무렵 귀갓길에 원로원 의원들, 로마 인민들, 동맹시 시민들과 라티움 사람들의[29] 배웅을 받은 날이라는 것이

---

26 키케로, 『노(老)카토 노년론』을 보라.

27 크세노폰, 『소크라테스 회상』 IV 8, 8 "하지만 내가 더 오랜 시간 동안 살게 되다면, 아마도 나는 노년의 짐을 질 수밖에 없을 것이고 덜 보고 덜 듣고 생각도 더 잘 못하고 점점 더 배움도 더디고 더 잘 잊어먹게 될 수밖에 없으니, 이전에 내가 더 나았던 것들에서 나는 더 못해질 수밖에 없을 것이네."

28 스키피오의 갑작스러운 죽음에 타살이라는 소문이 있었다. 몸젠(『몸젠의 로마사』 제5권, 푸른역사, 2020, 151쪽)은 타살로 생각한다. "어떤 끔찍한 손이 당대 최고의 정치가를, 당대 최고의 군사령관을 야간에 살해했는가는 밝혀지지 않았다. 당시의 풍문에 따른 의혹을 전달하는 것이나, 그런 문건들로부터 진실을 캐는 유치한 시도는 역사에 적합한 일이 아니다. 살해 교사자가 그라쿠스 당파에 속했을 것임은 분명하다."

29 스키피오는 농지법에 반대하여, 동맹시 시민들의 이익을, 특히 농지법에 따

네. 그가 세상을 떠나기 바로 전날이었지. 그와 같이 높은 위엄의 계단을 거쳐 지하의 신들이 아니라 천상의 신들에게로 올라간 것으로 보인다네.

IV 13 그건 내가 육체와 함께 영혼도 소멸하며 모든 것이 죽음으로 파괴된다고 최근 들어 주장하기 시작한 사람들에게[30] 동의하지 않기 때문일세. 나는 오히려 옛사람들의 권위를 따른다네. 우선 우리 조상들의 권위인데, 조상들은 망자들에게 아주 경건한 권리를[31] 부여하였고, 만약 그것들이 망자와 전혀 무관한 일이라고 생각하였다면 전혀 그렇게 하지 않았을 것이네. 또는 지금은 없어졌지만 당시에 번영하던 대희랍(*Graecia Magna*)을 그들의 규범과 계율로 가르치며 이 땅에 살았던 사람들의 권위를 믿는다네.[32] 또는 아폴론의 신탁에서 가장 지혜로운 사람으로 판단받은 사람의 권위를 믿는다네. 그는 대부분의 경우 때로는 이렇게 때로는 저렇게 말하였는데,[33] 이것만은 늘 동일하게 말하였으

라 농지 분배의 대상이 되었던 라티움 사람들의 이익을 옹호하였다.

30 에피쿠로스 학파를 가리킨다. 여기서 '최근'이라고 한 것은 『투스쿨룸 대화』 IV 3, 6 이하에 따르면 기원전 2세기의 가이우스 아마피니우스 이후 에피쿠로스 학파의 주장이 이탈리아에 널리 퍼지기 시작한 사정을 반영한다.

31 『투스쿨룸 대화』 I 12, 27 "죽음 이후에도 사람에게는 감각이 있으며, 생명이 끝난 이후에도 사람은 없어져서 완전히 소멸하지 않는다고 믿었습니다. 이를 다른 많은 것들에서는 물론이려니와 특히 장례식 절차와 제사장 법률에서 확인할 수 있습니다."

32 피타고라스 학파를 가리킨다.

니,[34] 인간의 영혼은 신적이며, 인간의 영혼은 육체를 떠난 이후 하늘로 돌아가는 길이, 그것도 훌륭하고 정의로운 영혼일수록 더욱 수월한 길이 열린다고 하였다네.

14 이와 똑같이 스키피오도 생각하였는데, 실로 마치 예견이나 한 듯이, 그가 죽기 며칠 전에, 필루스와[35] 마닐리우스와[36] 다른 몇몇, 그리고 스카이볼라, 자네와 내가 그를 찾아가 3일 동안 국가를 두고 토론하였을 때,[37] 그때 그 토론의 거의 끝에 이르러 영혼 불멸이 화제가 되었을 때, 스키피오는 꿈속에서 아프리카누스에게서 영혼 불멸을 들었다고 말해주었다네. 그 말 그대로 더욱 훌륭한 사람의 영혼일수록 죽어서 더욱 쉽게 마치 육체의 감옥과 사슬에서 풀려난 듯 날아가게 된다면, 수월하게 신들에

---

33 아르케실라오스와 카르네아데스 등 신(新)아카데미아 학파의 경향을 염두에 둔 발언인데, 이들은 소크라테스를 따른다고 공언하고 다녔다.

34 플라톤의 『파이돈』, 『소크라테스의 변명』, 『파이드로스』, 『티마이오스』 등에 나타나는 견해다.

35 루키우스 푸리우스 필루스는 기원전 136년 집정관을 역임하였고, 누만티아 전쟁에서 혁혁한 전공을 거두었다.

36 마니우스 마닐리우스는 기원전 149년 집정관을 역임하였고, 제3차 카르타고 전쟁 초기에 군을 지휘한 인물이다. 그는 법률 지식에 해박하였고, 시민법을 기초한 사람 가운데 한 명이다.

37 키케로는 기원전 54년에 『국가론』을 저술하였는데, 전체 여섯 권으로 구성되어 있다. 여기에 언급된 사람들이 등장한다. 오랫동안 소실된 책으로 알려져 있었다가, 온전하지 않지만 많은 부분이 발견되어 1822년에는 최초 인쇄본도 발간되었다. 제6권 말미에 소위 '스키피오의 꿈'이라는 부분은 온전하게 전해진다.

게 이르는 길이 열린 사람으로 스키피오 말고 누구를 생각할 수 있겠는가? 때문에 그에게 일어난 이 사건에 슬퍼한다면 그것은 친구의 행동이 아니라 오히려 질투하는 사람의 행동으로 비치지 않을까 나는 걱정할 따름이네. 하지만 만약 영혼과 육체가 동시에 소멸하고 어떤 감각도 남지 않는다는 주장이 진리에 더 가까운 것이라면, 그 경우 죽음에 선이 없는 만큼 분명 악도 없을 것이네. 왜냐하면, 감각이 사라지면 태어나기 이전의 상태와 전적으로 동일하기 때문이지.[38] 하지만 그가 태어났음을 우리는 기뻐할 것이고, 이 나라가 존속하는 한, 이 나라는 환호할 것이네.[39]

15 따라서 앞서 말했던 바와 같이 실로 스키피오는 더없이 훌륭하게 삶을 마쳤지만, 내게는 좀 부당한 일이지. 정당하기로 말하면 내가 세상에 먼저 왔으니 세상을 먼저 하직하는 것이 정당했을 테니 말일세. 하지만 나는 우리의 우정을 기꺼이 상기하며 스키피오와 함께 살아서 행복했다고 생각한다네. 국사(國事)에서나 개인사에서나 나는 그와 함께 걱정하였고, 집은 물론이거니와 전쟁 막사도 그와 공유하였으며,[40] 우정의 본질이라 할 그것,

---

38 『투스쿨룸 대화』 I 36, 87 이하에서 키케로는 "반대로 인간이 죽음을 통해 좋은 것을 잃는다는 주장을 받아들여 봅시다. 그러니까 이것은 망자들에게 삶의 편리가 결여하며, 이것이 그들에게 불행이라는 주장이 아니겠습니까?"라고 묻고, 영혼의 사멸을 전제한다면 어떤 불행이나 악도 없다고 논증한다.
39 망자 자신에게 사후에 악이나 불행이 없고, 망자가 이룬 업적에 친구들이나 나라 전체는 기뻐하고 행복하니, 스키피오의 죽음에 슬퍼할 이유는 없다.

의지와 열정과 생각의 완벽한 공감이 우리에게 있었다네.[41] 그리하여 나를 기쁘게 하는 것은 판니우스가 방금 언급한 지혜의 명성보다는 — 거짓된 명성이기 때문인데 — 우리 우정이 영원히 기억되리라는 희망일세. 내가 마음에 두고 유념하는 바는 지난 수백 년 동안 우정의 짝으로 겨우 셋 내지 넷이 언급된다는 사실로,[42] 나는 이런 우정의 짝으로 스키피오와 라일리우스의 우정이 후세에게 거명되길 바라마지 않는다네.

16 판니우스 물론입니다. 장인어른! 반드시 그럴 것입니다. 그런데 아버님이 우정을 거론하셨고 저희는 한가하니,[43] 저에게 큰 기쁨을 베풀어 주시되, 스카이볼라에게도 그렇게 해주시길 바라는 바이오니, 아버님께 여쭈었던 여타의 사안들에서 그러하셨던 것처럼, 우정을 어떻게 생각하시는지, 어떤 것이라고 평가하시는지, 어떤 가르침을 주실 수 있는지 말씀해주셨으면 합니다.

스카이볼라 그렇습니다. 저에게도 큰 기쁨이 될 겁니다. 바로

---

40 아래의 103 이하를 보라.

41 아래의 61을 보라.

42 고대 세계에 알려진 우정의 짝은 아킬레우스와 파트로클로스, 테세우스와 피리투스, 오레스테스와 퓔라데스이며, 『의무론』 III 10, 45 이하에 따르면 피타고라스 학파에 속하는 다몬과 퓐티아스다.

43 키케로의 철학적 대화편들에서 의례적으로 '한가하다'라는 표현이 반복되는 것은 철학적 대화는 공적인 업무에서 벗어났을 때 할 수 있는 것이라는 로마인들의 편견 때문일 것으로 보인다.

그것을 아버님과 논의하려고 하였는데, 판니우스가 선수를 쳐버렸습니다. 따라서 저희 둘 모두에게 큰 기쁨을 베풀어 주셨으면 합니다.

V 17 라일리우스 진정 나도 사양하지 않을 텐데. 나 자신이 그럴 만한 사람이라는 확신이 있다면 그렇게 할 수도 있는데. 참으로 훌륭한 주제인 데다, 판니우스가 말하는 것처럼 우리가 한가로운 시간을 맞았으니 말이야. 하지만 나는 어떤 사람인가? 내게 그런 능력이 있는가? 자네들이 말하는 것은 박학한 사람들의 관행이고, 특히 희랍의 철학자들에게서 보이는 관행인데, 그들은 토론 주제를 심지어 즉석에서 불쑥 꺼내 놓기도 한다네. 그것은 대단한 일이며 적잖은 연습을 필요로 하는 일이지. 따라서 자네들은 우정을 두고 논의될 수 있는 것들을, 내 생각에, 그렇게 할 수 있다고 공언하는 자들에게 물어야 할 것이네. 나는 다만 자네들에게 어떤 인간사보다 우정을 우선시하라고 권고할 수 있을 뿐이네. 우정만큼 인간 본성에 적합한 것은 없고, 일이 순조로울 때나 어려울 때나 우정만큼 적절한 것은 없기 때문이지.

18 아무튼 내가 생각하는 첫 번째 것은 선한 사람들이 아니면 우정이 불가능하다는 것이네.[44] 하지만 나는 이것들을 지나

---

44 『위대한 철학자들의 생애와 사상』 VII 124 "한편 동질성 때문에 우정 역시도 훌륭한 사람들에게만 있다고 그들은 말한다. …… 한편 열등한 사람들 사이에는 우정이 없으며 열등한 사람들은 모두 미쳐 있다고 그들은 말한다."

치게 엄밀하게 논의하였던 사람들처럼 글자 그대로 받아들이지는 않네. 이들의 논의는 아마도 이론적으로 참되겠지만, 일반적인 유익을 도모하는 데는 그다지 크게 기여하지 못한다네. 이들은 현자만이 선한 사람이라고 말하고 있기 때문이지. 거기까지는 그렇다고 치세. 하지만 이들은 이제까지 인간 가운데 누구도 지혜에 이르지 못한 것으로 보고 있지. 반면 우리는 일상과 관행을 응시해야 하지, 상상이나 희망을 주목해서는 안 된다네. 가이우스 파브리키우스, 마니우스 쿠리우스, 티베리우스 코룽카니우스,[45] 우리 조상들이 현자였다고 판단하던 분들을 이들의 기준에 따르면 나는 결코 현자라고 부르지 못할 것이네. 그렇다면 이들은 지혜라는 가증스럽고 모호한 개념은 챙겨 가지되, 저 분들이 선한 사람들이었다는 점은 인정해주길 바랄 뿐이네. 하지만 이들은 결코 그렇게 하지 않을 것이고, 현자가 아닌 누군가가 선하

---

45 가이우스 파브리키우스 루스키누스는 로마의 전통적인 용기를 상징하는 인물이다. 기원전 282년, 278년 집정관을 역임하였고, 275년 호구감찰관을 지냈다. 퓌로스와의 전쟁에서 퓌로스의 독살을 시도하자는 제안을 받았을 때 파브리키우스는 이를 거절하였다. 마니우스 쿠리우스 덴타투스는 기원전 290년에서 275년 사이에 집정관을 4차례 역임하였다. 삼니움 부족과 사비눔 부족에 맞서 전공을 세웠고, 기원전 275년 베네벤툼에서 퓌로스를 물리쳤다. 티베리우스 코룽카니우스는 법률에 해박한 사람으로 마니우스 쿠리우스의 친구였으며, 기원전 282년 에트루리아에 맞서 혁혁한 전공을 쌓았고, 기원전 280년 집정관을 역임하였고, 기원전 252년 최초의 상민 최고 대제관으로 선출되었다.

다는 것에 동의하지 않을 것이네. **19** 그러므로 우리는 사람들이 말하듯이 살찐 미네르바를[46] 따라 이를 논하도록 하세. 그렇게 처신하고 그렇게 살아가는 사람들, 그러니까 그들의 신의, 청렴, 공명정대, 관대함으로 인정받으며, 그들에게 어떠한 탐욕, 욕망, 무모함도 없으며, 방금 내가 언급한 분들이 그랬던 것처럼 크나큰 항심(恒心)이 있는 사람들, 이들이 선한 사람들이라고 여겨지는 만큼 그렇게 우리는 그들을 선한 사람들이라고도 불러야 하네. 이들은 인간으로서 할 수 있는 한, 선한 삶을 이끄는 최선의 지도자인 자연에 복종하기 때문이지.

사실 나는 이런 통찰을 믿는데, 우리는 태어나면서 모두 서로 간에 어떤 연대(連帶)를 맺게 되어 있으며, 서로가 더욱 가까울수록 더욱더 강한 연대가 형성된다는 것이네.[47] 그리하여 거류외인들보다 동료 시민들이, 타인들보다 친척들이 더 중하네. 조금 더 인접한 이들과의 우정을 자연 자체가 산출했지만, 그 우정은 충분히 견고하지 않지. 이 인접성을 넘어서는 연대가 우정인데, 인접성은 호의가 없을 수 있지만, 우정에는 없을 수 없기 때문이

---

46 '일반적인 상식에 비추어'를 의미한다. 『의무론』과 마찬가지로 우정에 관해서도 키케로는 덕의 완성을 이룬 현자가 아니라, '덕을 향한 발전'(『아카데미아 학파』I 20)을 이어가는 사람들을 전제로 한다.

47 아리스토텔레스의 명제를 포함하여 인간이 본성적으로 공동체를 형성한다는 주장은 널리 받아들여진다. 『최고선악론』III 66, 『아카데미아 학파』I 21 등에서 언급한다.

네. 호의가 없으면 우정이라는 이름을 붙일 수 없는 반면, 호의가 없어도 인접성이라는 이름은 바뀌지 않는다네. **20** 우정의 힘이 어느 정도인지 파악할 수 있는 것은 특히 이 점인데, 우정은 자연 자체가 묶어놓은 무수한 인간 연대 가운데,[48] 그 범위가 축소되어 작게 줄어든 연대인 고로, 온전한 우의(友誼)는 둘이나 소수 사이에서만 성립한다는 것이네.

VI 그러니까 우정은 다름 아니라 모든 신적인 것과 인간적인 것을 두고 애정과 호의로 서로 공감하는 것이지.[49] 불멸의 신들께서 주신 것들 가운데, 지혜를 논외로 한다면, 인간에게 아마도 우정만큼 좋은 것은 없을 것이네. 어떤 이들은 재산을 중시하고, 어떤 이들은 좋은 건강을, 어떤 이들은 권세를, 어떤 이들은 관직을, 많은 이들은 쾌락도 중시하네만. 마지막의 것은 짐승들의 일일 테고, 앞서의 다른 것들은 무상하고 불확실한 것으로 우리의 계획보다는 변덕스러운 운에 달려 있지. 덕을 최고선으로 보

---

48 『의무론』 I 17, 53~56을 보면 인간 공동체는 국가, 시민, 친척, 친구 등으로 구분된다. "그런데 인간 연대의 단계는 여럿이다. 보편적인 인간 연대로부터 시작하자면, 같은 종족, 같은 부족, 같은 언어의 연대는 인간들을 아주 긴밀하게 묶어주므로 조금 더 가까운 연대이다. 하지만 같은 나라의 연대는 더욱더 가까운 연대이다. …… 하지만 친척들의 연대는 이보다 더 친밀한 결합이다. 이는 무한한 인간 연대로부터 작고 협소한 범위로 제한되기 때문이다. …… 하지만 모든 연대 가운데 가장 탁월하고, 가장 강고한 것은 성격이 비슷한 선한 사람들이 친밀함으로 연결된 것이다."
49 앞의 15를 보라.

는 사람들은 참으로 대단하긴 한데,[50] 사실 바로 이 덕이 우정을 낳고 유지하며, 덕이 없으면 우정도 결코 있을 수 없네. **21** 그런데 우리는 우리 일상과 언어의 관용에 비추어 덕을 해석하도록 하고, 박학한 사람들이 그렇게 하듯 단어들의 거창함에 따라 평가하지는 마세나. 선한 사람들이라고 여겨지는 사람들을 열거해 보세. 파울루스, 카토, 갈루스, 스키피오, 필루스 같은 사람들이지. 보통 사람들한테는 이들로 충분하니, 절대로 언제고 발견할 수 없는 사람은 제쳐 두도록 하세.[51]

22 그러므로 우정은 사람들에게 이루 말할 수 없는 크나큰 이득을 제공하지. 우선, 친구와 서로 호의를 베풀며 안거하지 못하는 삶이, 엔니우스의 말처럼[52] '살 만한 삶'일 수 있는가?[53] 자네

---

50 키케로는 여기서 덕을 유일한 최고선으로 놓은 스토아 학파의 입장을 받아들이는 것처럼 보이지만, 전반적으로 아카데미아 학파와 소요학파의 견해를 수용한다.

51 스토아 학파가 생각하는 현자를 가리킨다.

52 엔니우스의 현존 작품들 가운데 확인되지 않는다.

53 아리스토텔레스, 『니코마코스 윤리학』 1155a5 "다른 모든 좋은 것들을 다 가졌다 하더라도 친구가 없는 삶은 그 누구도 선택하지 않을 것이다. 실제로 재산이 있는 사람이나 높은 자리와 권세를 가진 사람들에게도 친구는 대단히 필요해 보인다." 또한 1169b3 이하 "사람이 친구를 필요로 하는지 그렇지 않은지에 관해서도 쟁론이 있다. …… 모든 좋은 것을 행복한 사람에게 다 나누어 주면서 외적인 좋음 중 가장 큰 것으로 보이는 친구들을 주지 않는다는 것은 이상한 일로 보인다. …… 또 아마 지극히 복된 사람을 외로운 사람으로 만드는 것도 이상한 일일 것이다. 홀로 지내면서 모든 좋은 것을 다 소유하라고 하면, 이것을 선택할 사람은 아무도 없을 테니까."

가 속에 담아둔 모든 것을 터놓고 함께 이야기할 수 있는 사람을 얻는다면 이보다 달콤한 일은 무엇인가? 순조롭게 일이 풀릴 때 자네와 함께 자기 일처럼 기뻐해줄 사람을 얻지 못한다면 성공이 어찌 큰 이득이겠는가? 반대로 일이 잘 안 풀릴 때 이를 자네 자신보다 더 아프게 느끼는 사람이 없다면 역경을 이겨내기란 어려운 일이라네.[54] 마지막으로, 사람들이 추구하는 나머지 것들은 각각이 거의 한 가지 것에만 이로운 법이네. 부는 돈을 쓰는 데, 권세는 존중을 받는 데, 관직은 칭송을 얻는 데, 쾌락은 즐기는 데, 건강은 고통 없이 신체 기능을 발휘하는 데 도움이 된다는 것이지. 그런데 우정은 가장 많은 이득을 가지고 있다네. 자네가 어디로 돌아서든지 우정은 함께하며, 어느 곳에서나 방해되지 않으며, 결코 시의적절하지 않은 때가 없으며, 결코 힘들게 하는 법이 없다네. 그리하여 사람들이 말하는 것처럼 물을 끊고 불을 끊어도, 우리는 많은 경우 우정 없이는 살 수 없다네. 지금 나는 세속적 우정이나 평범한 우정을 이야기하는 것이 아니네. 이런 우정도 물론 나름대로 기쁨을 주고 이익이 되겠지만, 나는 참되고 완벽한 우정을 이야기하는 것이라네. 언급할 수 있는 이

---

54 『니코마코스 윤리학』 1171a22 "친구들은 좋은 처지에 있을 때 더 필요한가, 아니면 곤경에 처했을 때 더 필요한가? 두 경우 모두 친구를 찾게 되는 것은 사실이다. 곤경에 처한 사람들도 도움을 필요로 하며, 좋은 처지에 있는 사람들도 함께 삶을 누릴 사람들과 그들이 잘해 줄 사람들을 필요로 한다."

름이 얼마 되지 않는 사람들의 우정이 그러하였지. 분명 우정은 좋은 일들을 더욱 빛나게 만들어줄 뿐만 아니라, 힘겨운 일들을 함께 하고 분담함으로써 가볍게 만들어 주네.

VII 23 우정이 아주 많고 아주 큰 유익을 담고 있지만, 확실히 모든 유익 가운데서도 두드러진 유익은, 우정이 큰 희망으로 미래를 밝혀주며 용기를 주고 의기를 북돋운다는 점이네. 참된 친구를 바라보는 사람은 흡사 자기 자신의 초상을 바라보는 것이네.[55] 따라서 그들은 없어도 있는 것이고, 가난해도 풍요로운 것이고, 병약해도 강건한 것이고 — 말하기 힘든 것이지만 — 죽어도 사는 것이네. 친구들의 커다란 경의와 기억과 그리움이 그들을 뒤따르는데, 이로써 그들의 죽음은 행복해 보이고, 이들의 삶은 칭송받을 만한 것으로 보이네. 만약 호의라는 매개물[56]을 세상에서 없애버린다면, 어떤 집안도 어떤 도시도 존립할 수 없을 것이며, 토지의 경작도 결코 계속될 수 없을 것이네. 우정과 화합의 힘이 얼마나 큰가가 이해되지 않는다면, 이는 갈등과 불화로부터 파악할 수 있지. 증오와 분열에 의해 송두리째 무너지지 않을 수 있을 만큼 굳건한 집안이 어디에 있으며, 확고한 국가가 어디 있겠는가? 이로부터 우정에 얼마나 많은 선이 있는지 판단

---

55 『니코마코스 윤리학』 1166a32 "친구는 또 다른 자기다."
56 사본 전승에 'coniunctionem'도 보이나, 'iunctionem'을 따른다.

할 수 있을 것이네. **24** 실로 어떤 박학한 아크라가스 사람도 희랍 서사시 운율로[57] 노래했다고 하는데,[58] 그는 세상과 우주 전체에서 합쳐지는 것들과 따로 떨어지는 것들을 두고 우정이 결합하고 불화가 나눈다고 하였다더군.[59]

그리고 실로 이를 모든 사람이 이해하고 실제적으로도 옳다고 여긴다네. 따라서 때로 위험을 감당하거나 분담하는 친구의 헌신이 알려질 때, 이를 더없이 커다란 칭송으로 드높이지 않을 사람이 누가 있겠는가? 나의 빈객이자 친구인 마르쿠스 파쿠비우스가[60] 새로운 극을 공연하였을 때 어떠한 환호성이 최근 극장 전체를 가득 채웠는가! 둘 중에 누가 오레스테스냐고 왕이 묻자, 필라데스가 오레스테스를 대신하여 죽을 작정으로 자신이 오레

---

57   엠페도클레스 단편 DK31a22=8 정암 "호메로스와 엠페도클레스 사이에는 운율을 제외하면 아무 공통점이 없다."

58   『아카데미아 학파』 II 5, 14 "특히 엠페도클레스는 이따금 실성한 듯 보이곤" 한다.

59   엠페도클레스의 출생지는 아크라가스라고 불리는 도시로 라티움어로 아그리겐툼이라고 한다. 그는 기원전 5세기에 활동하였으며 이오니아 학파와 피타고라스 학파와 엘레아 학파를 하나의 체계로 통일하려고 시도하였다. 4원소를 제시하고 이것들의 결합과 분리의 원리는 사랑(여기서 우정)과 불화(미움, 증오)라고 설명한다. 엠페도클레스 단편 DK31a17=33 정암 "어떤 때는 사랑에 의해 모든 것이 하나로 합쳐지고, 어떤 때는 다시 불화에 의해 각각이 따로 떨어진다."

60   파쿠비우스는 엔니우스의 조카이자, 로마에서 가장 유명한 비극작가였다. 기원전 220년 브룬디시움에서 태어났고 기원전 130년에 사망하였다. 스키피오가 사망한 해는 기원전 129년이므로 '최근'은 과장된 표현으로 보인다.

스테스라고 말했을 때, 오레스테스 역시 사실 자신이 오레스테스라고 주장하였던 그 비극에서 말일세.[61] 지어낸 이야기에 대고 사람들은 기립하여 박수갈채를 보냈는데, 그것이 실화였다면 사람들이 어떻게 행동했을 것이라고 생각하는가? 이는 본성 자체가 저절로 드러난 것인데, 본인들이 할 수 없는 일을 다른 사람이 해냈다고 사람들이 판단하였기 때문이네.

우정을 두고 내가 생각하는 바를 말할 수 있는 데까지 말했다고 생각하네. 그 밖에 무언가가 더 있다면, 나는 아직 많다고 믿는데, 자네들이 그래야 할 것으로 생각한다면, 그런 것들을 직업적으로 논의하는 자들에게 물어보시게.

25 판니우스 하지만 저희는 오히려 장인어른께 여쭙고자 합니다. 그런 자들에게도 저는 이따금 묻고 들었고, 마뜩잖은 것도 아니었지만, 장인어른의 연설은 무언가 결이 달랐습니다.[62]

61 오레스테스와 퓔라데스가 타우리스의 왕 토아스에게 절도죄로 붙잡혔는데, 사형 위기 상황에서 퓔라데스는 오레스테스를 살리기 위해 자신이 오레스테스인 척하였고, 오레스테스는 퓔라데스를 살리려고 자신을 밝혔다. 『최고선악론』 V 22, 63 이하 "대중과 문외한들의 환호성으로 극장은 들썩거렸다. 한쪽에서 '내가 오레스테스다'라고 말했을 때 다른 쪽에서 '아니다. 내 말하노니 내가 바로 오레스테스다.'라고 말했을 때였다. 그리고 더욱더 큰 환호성이 일어난 것은 당황하여 어찌할 줄 모르는 왕을 향해 둘이 마지막으로 '우리 두 사람은 같이 죽기를 원한다'라고 말했을 때였다."

62 정교하고 엄밀한 철학적 논의보다는 조금 더 수사학적인 논의를 가리키는 말로 보인다.

스카이볼라 만약 최근에 스키피오의 장원에서 국가를 두고 논의하였을 때 자네가 있었다면, 분명 자네는 그때도 그렇게 말했을 것이네, 판니우스![63] 당시 필루스의 정교한 연설에 맞서, 장인어른은 정의를 수호하는 얼마나 대단한 두호인(斗護人)이었던지![64]

판니우스 정의를 변호하는 일은 더없이 정의로운 분에게 분명 대단히 수월한 일이었겠지.

스카이볼라 우정이라고 뭐가 다를까? 지극한 신의와 항심과 정의로 우정을 지켜냄으로써 더없이 큰 명예를 얻은 분에게는 수월한 일이 아니겠나?

VIII 26 라일리우스 이는 힘을 행사하는 것이 아닌가! 자네들이 나를 어떻게 강요하든 뭐가 다르겠는가? 자네들이 하는 것은 분명 강요일세. 하지만 사위들의 열의를, 특히 좋은 일을 두고서 사양하기란 어려운 일이면서 온당하지 않은 일이기도 하지.

---

63 키케로가 남긴 『국가론』 I 12, 18에서 이 대화에 참석하였다고 판니우스의 이름이 기록되었는데, 이상하게도 앞서 14에서도 그랬지만, 여기서도 판니우스가 그 대화에 참석하지 않았다고 키케로는 기록한다. 사실 『국가론』에서 판니우스는 단순한 참석자였고, 대화자는 아니었다.

64 로마 원로원을 찾은 카르네아데스는 정의를 옹호하는 연설과 불의를 옹호하는 연설을 하였는데, 불의를 옹호하는 연설을 키케로는 『국가론』 III에서 필루스가 그대로 재현하는 것으로 그려놓았다. 여기서 정의롭고 어리석은 사람보다 불의하고 현명한 사람이 더 유복한 삶을 사는 현실이 불의를 옹호하는 근거로 등장한다.

우정을 두고 생각하면 할수록 나에겐 더욱더 고민해보아야 할 것으로 보이는 문제가 있네. 그러니까 우정은 부족과 결핍 때문에 요구되는 것으로 혜택을 주고받음으로써 어떤 이가 자신의 힘으로는 얻을 수 없는 것을 타인에게서 받고[65] 그 대가를 갚는 것이라고 보아야 하는지, 아니면 이렇게 주고받는 것이 우정의 고유성이긴 하지만, 그래도 이보다 중하고, 이보다 아름답고, 이와 달리 본성 자체로부터 기인하는 다른 원인이 있는가의 문제이네. 우정 *amicitia*의 어원이 되는 사랑 *amor*이 호의의 시작이기 때문이지. 유익은 흔히 우정을 가장하여 받들어도, 상황에 따라 존중하여도 얻게 되는 것인 데 반해, 우정에는 꾸며대는 것, 가장하는 것, 참되지 않고 자발적이지 않은 것이 전혀 없다네.

---

65 『니코마코스 윤리학』 1169b6 "친구는 자신과는 다른 타인으로서 본인 스스로는 할 수 없는 것을 제공해 주는 사람"이다. 이렇게 필요에 따른 우정은 탁월성에 따른 우정에 비해 저열한 수준의 우정이다. 『에우데모스 윤리학』 1244b20 "우리는 부족할 때보다는 자족적일 때 더 나은 판단을 하며, 그때 무엇보다도 함께 살 가치가 있는 친구들을 필요로 한다." 이와 반대되는 의견이 에피쿠로스 학파에게서 발견된다. 에피쿠로스, *Gnomologium Vaticanum* 39 "항상 도움을 청하는 사람은 친구가 아니며, 도움을 우정과 결부시키지 않는 사람도 친구가 아니다. 왜냐하면, 전자는 호의의 대가로 보상을 취하며, 후자는 미래의 희망을 파괴하기 때문이다." 루크레티우스, 『사물의 본성에 관하여』 V 1019~1020행 "그때에 이웃들은 서로 간에 해를 끼치기도 침해를 당하기도 원치 않아서 우정을 맺기" 시작했다. 키케로, 『최고선악론』 I 20, 66 이하 "앞서 이야기된 덕들과 마찬가지로 우정은 이득과 분리되지 않는다고 그들은 말한다." 여기서 에피쿠로스주의자 토르콰투스는 우정을 포함한 모든 덕을 쾌락과 연결시켜 설명한다.

27 그런 까닭으로 우정은 내가 보기에 인간 본성에서 유래하지, 필요에서 유래하지 않네. 우정은 일종의 사랑 감정을 동반한 영혼의 연결에 의해서 생겨나는 것이지, 그 일이 얼마나 많은 유익을 가져다줄지를 고려하는 데서 생겨나는 것이 아니라네.

그런데 그런 것은 일부 짐승들에게서도 관찰할 수 있는 것으로, 짐승들은 본래적으로 어떤 시점까지 새끼들을 사랑하고 새끼들에게 사랑받는데 그들의 감정은 쉽게 드러나네. 그것은 인간들에게서 훨씬 더 또렷한데, 먼저 자식과 부모 사이의 애정에서 확인되며 이는 혐오스러운 범죄가 아니고는 결코 끊을 수 없지. 다음은 이와 비슷한 사랑 감정이 생겨날 때인데, 우리는 성품이나 본성이 일치하는 누군가를 만났을 때 그에게서 마치 무언가 올곧음과 덕의 빛을 발견했다고 생각하기 때문이지. **28** 덕보다 사랑스러운 것은 없으며, 덕만큼 연모하도록 우리를 유인하는 것도 없는데, 덕과 올곧음 때문에 우리는 심지어 한 번도 본 적 없는 사람들조차 모종의 방식으로 좋아하게 된다네. 어떤 호의적인 애정을 가지지 않고서야 도대체 누가 한 번도 본 적 없는 가이우스 파브리키우스를, 마니우스 쿠리우스를 기린단 말인가? 오만왕 타르퀴니우스를, 스푸리우스 카시우스를,[66] 스푸리우

---

66 스푸리우스 카시우스 베켈리누스는 기원전 486년까지 집정관을 세 차례나 역임한 사람으로 평민들의 공평한 이득을 위해 최초로 농지법을 제안하였다가 왕권을 노린다는 죄명으로 처형되었다. 전통적으로 로마 공화정 시대

스 마일리우스를[67] 증오하지 않을 사람은 누구인가? 두 명의 장군과 패권을 놓고 이탈리아에서 결전을 벌였더랬지. 퓌로스와 한니발 말일세. 우리는 한 사람을 그의 올곧음 때문에 과하게 증오하지 않지만,[68] 다른 한 사람은 그의 잔인성 때문에 이 나라가 영원히 증오할 것이네. **IX 29** 이렇게 올곧음의 힘은 대단하여 우리는 한 번도 본 적 없는 사람들이 보여준 올곧음을 연모하며, 더욱 대단한 일인바 심지어 적이 보여준 올곧음도 연모한다네. 서로 친밀한 교제를 나눌 수 있는 사람들의 덕과 선함을 보았다고 생각할 때에 인간의 영혼이 움직이는 게 무에 놀라운 일이겠는가?

     는 왕이나 독재자를 매우 나쁘게 생각하였던 것으로 보인다.

67 스푸리우스 마일리우스는 부유한 평민이었는데, 가난한 사람들에게 낮은 가격으로 곡물을 판매하고 기근이 들었을 때는 공짜로 곡물을 나누어 주었다가, 기원전 440년 왕권을 노린다고 고발되었고 가이우스 세르빌리우스 아할라에 의해 살해되었다.

68 에페이로스의 왕 퓌로스는 기원전 280년 타렌툼과 로마가 격돌하였을 때 타렌툼을 지원하였다. 그는 로마군 포로들에게 매우 관대한 처분을 하였기 때문에 로마는 그에게 큰 적대감을 가지지 않았다. 엔니우스 『연대기』 183~190 Skutsch(=키케로 『의무론』 I 12, 38) "나는 황금을 요구하지 않으니 당신도 내게 값을 지불하지 말라. 전쟁을 흥정하는 사람들이 아닌, 전쟁을 행하는 사람들인 우리는 둘 다 황금이 아니라 칼로 삶과 죽음을 가늠하자. 여신께서 당신들이 혹은 내가 통치하길 원하는지, 운명이 무얼 가져올지 용맹으로써 살펴보자. 그리고 이 말도 또한 들어라. 전쟁의 운명이 그 용기를 가상히 여긴 사람들, 이들의 자유를 나도 가상히 여기기로 결정하였다. 나는 준다. 당신은 데려가라. 나는 보낸다. 위대한 신들의 뜻에 따라."

하지만 사랑이 확고해지는 것은 도움을 받고 진심을 깨닫고 교제가 쌓이면서이네. 사랑이라는 영혼의 첫 충격에 이런 것들이 더해지면 일종의 커다란 호의가 놀랍게도 불타오르지. 우정은 부족함에서 출발하며, 각자가 바라는 것을 얻는 데 도움을 줄 사람을 얻기 위한 것이라고 생각하는 사람들이 있다면, 그들은 분명 우정을 말하자면 비천하며 고귀하지 못한 원천에서 유래한다고, 우정을 결핍과 필요에서 생겨난다고 주장하는 것이네. 그런데 만약 그것이 그렇다면, 자신이 보잘것없다고 생각하는 사람일수록 그만큼 더욱 우정에 적합한 사람일 텐데, 이는 사실과 전혀 다른 것이네. **30** 왜냐하면, 자신에게 더없는 자신감을 가진 사람일수록, 그리고 덕과 지혜로 단단히 무장하여 무엇도 결여하지 않고 모든 것을 가지고 있다고 판단하는 사람일수록, 그만큼 더욱 우정을 추구하고 가꾸는 일에 더없이 탁월한 사람이기 때문이네. 그럼 어떤가? 아프리카누스는 나를 필요로 하였던가? 하늘에 맹세코 전혀 그렇지 않았고, 물론 나도 그를 필요로 하지 않았네. 하지만 나는 그의 덕에 감복하여 그를 연모하였고, 반대로 그는 나의 성품을 두고 아마도 좋은 생각으로 나를 연모하였지. 매일의 교제는 호의를 키웠네. 물론 크고도 많은 유익이 뒤따라왔지만, 그렇다고 유익을 얻으려는 기대에서 연모의 계기가 생긴 것은 아니지. **31** 우리가 관대하고 관후한 것은 감사 인사를 받기 위함이 아닌 것처럼 — 우리는 도움을 주고 이자놀이를 하지 않으며,[69] 본성이 관후함으로 기우는 편인데[70] — 이문의 기대에 이끌려서가 아니라, 사랑 자체가 그 모든 이득이기 때문에 우리는 우정을 욕망해야 할 것으로 생각하네.

32 가축들처럼 모든 것을 쾌락으로 평가하는 사람들은 여기에 전혀 동의하지 않는다네. 놀랄 일도 아니지. 온통 그렇게 비천하고 그렇게 저열한 것에 머리를 처박은 사람들에게[71] 우러를 수 있는 높고 크고 신적인 것은 없을 테니 말이네. 따라서 이런 사람들은 우리의 논의에서 배제하도록 하세. 반면 우리 자신은 올곧음이 확인될 때 본성적으로 연모의 감정과 호의의 애정이 생겨난다고 생각하도록 하세. 정직함을 발견한 사람들은 조금 더 가까워지고 서로 가까워지게 되어, 연모하기 시작한 사람과 교제하고 그의 성품을 즐기며, 서로 똑같이 사랑하며 한결같고, 얻기보다 베풀기를 더 원하여 이를 두고 서로 간에 아름다운 경쟁을 벌이게 되지. 우정에서 이렇게 더없이 커다란 유익이 생기며,

---

69 키케로, 『신들의 본성에 관하여』 I 44, 122 "만일 우리가 우정을, 우리가 사귈 사람에게 이로운 것에 비추어서가 아니라 우리의 이득에 비추어 판단한다면, 그런 것은 우정이 아니라 우리의 이익을 위한 어떤 거래가 될 것입니다. …… 인간들 사이의 애정과 우정은 대가 없는 것입니다."

70 『니코마코스 윤리학』 1169b11 "선행을 베푸는 것은 좋은 사람과 탁월성이 하는 일"이다.

71 플라톤, 『국가』 9권 586a '지혜와 덕이 없는 사람들은 …… 가축들이 하는 것처럼 눈을 아래로 떨구고 땅을 향해 고개를 숙인다.'

동시에 우정의 시작은 부족함이 아니라 인간 본성이라는 주장이 더욱 참되고 무게 있는 주장이라 하겠네. 만약 유익이 우정을 묶는다면 유익이 바뀌면서 우정도 풀어질 테지만, 인간 본성은 바뀔 수 없기 때문에 참된 우정은 영원하네.[72] 혹시 여기에 대해 자네들이 무언가 말할 것이 있다면 모를까, 이상으로 자네들은 우정의 시작을 알았네.

판니우스 장인어른, 계속 해주십시오. 연장자의 권리로 제가 이 사람을 대신하여 말씀드립니다.

33 스카이볼라 형님 말씀이 옳습니다. 그러니 계속해서 듣겠습니다.

X 라일리우스 더없이 훌륭한 이들이여, 그럼 내 말을 듣게! 이는 나와 스키피오가 매우 빈번히 우정을 두고 논의하던 바이네.

그런데 그는 우정이 마지막 날까지 평생 이어지기란 무엇보다 어려운 일이라고 말하곤 하였는데, 양자의 이해가 같지 않은 일이 왕왕 벌어지거나, 혹은 국사(國事)를 두고 같지 않은 견해를 가지기도 하기 때문이라고 하였지. 사람들의 성품도 변한다고 종종 그는 말하였는데, 때로 시련을 겪으면서, 때로는 나이를 먹으면서 그렇다는 것이네. 그리고 그는 이런 일들의 사례로 성

---

72 『니코마코스 윤리학』 1156b12 "따라서 이러한 사람들의 친애는 그들이 좋은 사람인 한에서만 유지된다. 그런데 탁월성은 지속적인 것이다."

장하는 소년들의 유사성을 언급하였는데, 소년들은 그들의 크나큰 사랑을 흔히 자주색 염색 토가와 함께 벗어놓는다는 것이네. **34** 사랑이 청년기로까지 이어지더라도 때로 경쟁 때문에 찢어지는데, 아내 자리를 두고 혹은 둘이 동시에 나누어 가질 수 없는 유익 때문에 그렇게 되고, 우정이 만약 조금 더 길게 이어지더라도, 흔히 관직을 두고 경쟁하게 되면 흔들리게 된다고 그는 말하였네. 왜냐하면, 우정에 가장 큰 재앙이 되는 것은 대부분의 경우에 금전욕인데, 더없이 훌륭한 사람들에게는 관직과 명예의 대결이고, 이로부터 둘도 없는 친구들 사이에 크나큰 반목이 생겨나기 때문이라고 하였지. **35** 하지만 커다란 불화, 그러면서도 상당히 정당한 불화가 생기는 것은 한쪽이 친구들에게 무언가 옳지 못한 것을 요청하여 욕망의 시종이나 불의의 조력자로 삼으려 할 때라고 하였지. 응하지 않는 친구는, 그것이 아무리 훌륭한 처신일지라도, 거절당한 친구들에게 우정의 권리를 침해했다는 비난을 받는다고 하였네. 친구에게 무엇이든 감히 요청하는 사람들은 그런 요청을 통해 자신은 친구를 위해 무엇이든 할 것이라고 공언하는데, 이들의 불평 때문에 오래된 친교가 사라지곤 하며, 나아가 영원한 증오가 생겨나게 된다고 그는 말하였지. 이처럼 많은 것이 마치 운명처럼 우정을 위협하니, 이런 모든 것을 피하는 일은 지혜만이 아니라 행운에도 좌우되는 것으로 보인다고 그는 말하였네.

XI 36 따라서 자네들이 좋다면 제일 먼저, 우정에서 우의는 어디까지 유지되어야 하는가를 살펴보세그려. 만약 코리올라누스가 친구들이 있었다면, 이들이 코리올라누스와 함께 조국에 반역하여 무기를 들어야 했을까?[73] 왕권을 노리던 베켈리누스나[74] 마일리우스를[75] 친구들이 도와야 했을까? **37** 국가를 혼란에 빠뜨린 티베리우스 그락쿠스가 퀸투스 투베로[76] 등 동년배 친구들에게 버림받았음을 우리는 보았다네. 그런데 쿠마이의 가이우스 블로시우스[77]가 — 스카이볼라, 자네 집안의 빈객이었지 — 자신을 구명하기 위해 나를 찾았는데, 내가 라이나스와 루필리우스가 집정관이었을 때[78] 자문 위원회에 참여하고 있었기 때문으

---

73 그나이우스(혹은 가이우스) 마르키우스 코리올라누스는 기원전 5세기의 로마 장군으로 볼스키족의 도시 코리올리를 점령한 것을 계기로 코리올라누스라는 이름을 얻었다. 귀족 출신의 코리올라누스는 호민관에 대한 거부와 평민과의 불화로 추방되었다.

74 스푸리우스 카시우스 베켈리누스는 앞의 28을 보라.

75 스푸리우스 마일리우스는 앞의 28을 보라.

76 퀸투스 아일리우스 투베로는 루키우스 아이밀리우스 파울루스의 손자이고 스키피오 아이밀리아누스의 조카로서, 처음에는 그락쿠스 개혁에 동조하였으나, 나중에는 귀족당파로 전향하였다.

77 가이우스 블로시우스는 캄파니아의 쿠마이 출신으로 그락쿠스 형제의 동조자였고, 티베리우스 그락쿠스가 죽은 이후에도 그를 변함없이 지지하였다. 기원전 132년 페르가몬의 아리스토니코스에게로 도망쳤고 기원전 129년 사망하였다. 페르가몬의 아탈로스 3세는 기원전 133년 사망하면서 페르가몬을 로마에 유증하였지만, 아리스토니코스는 페르가몬의 왕권을 요구하며 로마에 대항하여 기원전 133~130년까지 전쟁을 벌였다.

로, 자신이 사면 받아야 할 이유를 이렇게 제시하였지. 그는 티베리우스 그락쿠스를 대단히 존경하였으며, 그가 원하는 것은 무엇이든 해야 한다고 생각하였다는 것이었네. 그때 나는 물었지. '카피톨리움 언덕으로 횃불을 들고 가기를 그가 원했어도?' 그는 말했지. '결코 그는 그럴 사람이 아닙니다. 하지만 만약 그렇게 하라 했다면 저는 복종했을 겁니다.' 얼마나 무도한 소리인지 자네들은 아는가! 맙소사, 그는 그렇게 했고, 혹은 그락쿠스가 지시한 것보다 더 많은 것을 했네. 그는 티베리우스 그락쿠스의 경솔함에 복종한 것이 아니네. 그는 앞장선 것이야. 광기의 동반자가 아니라 그 지도자로 나선 것이지. 그리하여 이러한 어리석음 때문에, 특별 사문회(査問會)에 겁을 먹고 아시아로 망명하였고, 적들에 가담하여 한편이 되었고, 국가 반역의 혹독하고 정당한 처벌을 받았지. 그러므로 친구를 위해 죄를 짓는다는 것은 죄 지음의 아무런 변명이 되지 않는다네. 우정의 중개자가 덕에 대한 믿음이라고 할 때, 한쪽이 덕에서 멀어질 때 우정을 지키는 것은 어려운 일이라네.

38 만약 우리가 친구들이 원하는 무엇이든 들어준다거나 친구들에게 우리가 원하는 무엇이든 관철시키는 것을 옳다 여긴다

---

78 그락쿠스 개혁의 동조자들을 처벌하는 임무를 맡은 것은 기원전 132년의 집정관 푸블리우스 포필리우스 라이나스와 푸블리우스 루필리우스였다.

면, 우리가 완벽한 지혜를 가지는 한에서 아무런 잘못이 없을 수도 있네. 허나 우리는 눈앞에 있는 친구들, 우리가 보거나 이야기를 전해 들은 친구들, 일상생활에서 만나는 친구들을 말하고 있네. 이런 친구들로부터 우리는 사례를 취해야 하네. 물론 당연히 주로 지혜에 아주 근접한 사람들 가운데서 취하겠지만 말이네. **39** 우리는 파푸스 아이밀리우스가 루스키누스의 친구였음을 알고 있네.[79] 옛 어른들에게 그렇게 들었지. 그들은 두 번씩이나 같이 집정관을 역임하였고 호구감찰관을 함께한 동료였다고 하네. 또한 이들과 더없이 가까이 마니우스 쿠리우스와 티베리우스 코룽카니우스가 사귀었을 뿐만 아니라 자기들도 매우 친밀하였다고 이야기가 전해지지. 그렇다면 이분들 가운데 누군가가 신의에 반하는 것, 맹세에 반하는 것, 국가에 반하는 것을 친구에게 요구하지 않았을까 하는 일말의 의심도 우리는 가질 수 없네. 이런 분들을 두고, 요구했다 한들 관철시킬 수 없었음은 말해 무엇 하겠는가? 그분들은 더는 경건할 수 없는 분들이었고, 그런 것을 요구받아 행하는 것이나 요구하는 것이 공히 불의한 것일진대 말이네. 하지만 가이우스 카르보,[80] 가이우스 카토[81]는

---

79 퀸투스 아이밀리우스 파푸스와 가이우스 파브리키우스 루스키누스는 기원전 287년과 278년에 집정관 동료였고, 기원전 275년에 나란히 호구감찰관직을 역임하였다.

80 가이우스 파피리우스 카르보는 기원전 131년과 130년의 호민관을 역임하였

티베리우스 그락쿠스를 따르려 하였지. 그의 동생 가이우스는 그 때는[82] 전혀 열렬하지 않더니, 요즘은[83] 더없이 열렬히 추종하고 있지. **XII 40** 그러므로 추한 일을 요구하지 않으며 요구받아도 하지 않음, 이것이 우정의 법규로 확립되어야 할 것이네. 다른 범죄들에서나 반국가 범죄에서나 누군가 친구 때문에 그렇게 하였다고 고백한다면 이는 추한 변명이고 절대로 수용할 수 없는 변명이기 때문이네.

판니우스와 스카이볼라여, 지금 우리는 멀리 내다보며 국가의 운명을 살펴야만 할 위치에 놓여 있네. 작금의 관행은 벌써 조상들이 닦아놓은 궤도와 주로(走路)에서 크게 벗어나 버렸네. **41** 티베리우스 그락쿠스는 왕정을 세우려고 하였고, 아니 어쩌면 실로 몇 달 동안은 그자가 왕이었지.[84] 이와 유사한 것을 로마

고, 티베리우스 그락쿠스의 열렬한 지지자로서 농지 분배를 담당하던 위원회에서 활동하였다. 스키피오 아이밀리아누스를 암살하였다는 의심을 받았다. 기원전 119년 그락쿠스 개혁에 참여하였던 것 때문에 재판에 회부되었고 자살로 생을 마감하였다.

81 가이우스 포르키우스 카토는 호구감찰관 카토의 손자이며, 마르쿠스 포르키우스 카토 리키니아누스의 아들이다. 기원전 114년에 집정관을 역임한다.

82 기원전 133년 티베리우스 그락쿠스가 호민관을 역임하다가 살해당하던 때에 가이우스 그락쿠스는 히스파니아 속주에 머물고 있었다. 기원전 129년에 가이우스 그락쿠스는 농지 분배 위원회에 참여하였고, 기원전 123년에 호민관을 지냈으며, 기원전 122년에 국헌(國憲)에 반하여 호민관으로 재선되었다.

83 라일리우스가 이야기를 하고 있는 현재 시점인 기원전 129년을 가리킨다.

84 티베리우스 그락쿠스는 농지법을 호민관 권한으로 통과시키려고 하였고,

인민이 보거나 들은 적이 있었던가? 그가 죽은 후에도 이 사람을 따르는 그의 친구들과 친지들이 푸블리우스 나시카[85]에게 어떤 일을 했는지 눈물 없이는 이루 말할 수 없네. 다시 말해 티베리우스 그락쿠스에게 가해진 최근의 처벌 때문에 우리는 우리가 할 수 있는 온갖 수단을 동원하여 카르보를 견뎌냈지.[86] 하지만 가이우스 그락쿠스가 호민관이 된다면[87] 무엇을 기대할 수 있을지 나는 미리 점쳐 보지는 않겠네. 일단 시작되면 파국을 향해 곤두박질칠 그런 사태가 하루하루[88] 모르는 사이에 다가오고 있네. 자네들은 표결방식 때문에 전에 얼마나 큰 폐해가 발생하였는지 알고 있네. 처음에 가비니우스 법에 의해, 2년 뒤에 카시우스 법에 의해서 말이지.[89] 인민이 원로원으로부터 유리되고, 더

호민관 동료 옥타비우스는 이를 반대하였는데, 동료 호민관 옥타비우스를 불법적으로 해임하면서까지 농지법을 통과시켰다.

85 전승사본과 달리 파월(Powell)의 의견에 따라 'P. Nasica'로 읽었다. 푸블리우스 코르넬리우스 스키피오 나시카 세라피오는 기원전 139년 집정관을 역임한 사람으로, 티베리우스 그락쿠스를 죽인 인물이다. 그는 기원전 133년 티베리우스 그락쿠스를 살해한 직후 페르가몬으로 파견되었고, 얼마 후에 페르가몬에서 죽었다. 키케로는 나시카의 죽음이 우연한 사고가 아님을 암시한다.

86 티베리우스 그락쿠스의 죽음 이후 인민의 격분 때문에 귀족당파는 카르보를 몰아낼 수 없었다.

87 가이우스 그락쿠스는 123년에 호민관이 된다.

88 파월(Powell)을 따라 'diem e die'로 읽었다.

89 투표 방식은 기원전 139년 호민관 가비니우스의 법에 따라 비밀투표 방식으로 변경되었다. 호민관 루키우스 카시우스 롱기누스는 기원전 137년에 비밀

없이 중요한 정책들이 대중의 판단에 좌우되는 것을 나는 보고 있다고 생각하네. 더 많은 사람들이 어떻게 하면 이렇게 되지 않도록 막을까가 아니라, 어떻게 하면 이렇게 될까를 배우게 될 것이기 때문이네.

42 무엇 때문에 이런 것들을 내가 언급하느냐? 그건 어느 누구도 동지들 없이는 그런 것을 전혀 시도조차 못할 것이기 때문이지. 따라서 선한 사람들에게 가르쳐야 하네. 선한 사람이라면, 그런 우정에 우연히 얼떨결에 끌려들어 친구들이 사안이 중대한 어떤 범죄를 저지르는데도 그들을 버리지 못할 만큼 그렇게 그들에게 구속되었다고 결코 생각하지 말도록 말이야. 불량한 자들에게는 처벌이 내려져야 하는바, 추종자들도 불경의 우두머리들 못지않은 처벌을 받아야 하네. 희랍 땅에서 누가 테미스토클레스[90]보다 유명하며, 누가 세력이 있었던가? 그는 군사령관으로서 페르시아 전쟁에서 희랍을 굴종에서 해방시켰는데, 시민들의

투표 방식을 재판으로까지 확대하였다. 카르보는 기원전 131년 이를 입법으로 확대하였다.

90 테미스토클레스는 기원전 480년 페르시아 전쟁 당시 살라미스 해전을 승리로 이끈 장수다. 기원전 470년 아테나이인들은 그를 추방하였고, 그는 아르고스로 도망쳤다가 다시 페르시아의 왕 아르타크세르크세스에게로 갔다. 투퀴디데스(I 135 이하)에 따르면 테미스토클레스는 페르시아 왕에게 희랍의 정복을 약속하였지만, 약속을 지키지 못할 것을 걱정하다가 병이 들어 사망했다고 한다.

질투심 때문에 추방당했을 때, 배은망덕한 조국의 불의를 참아
내지 못했지. 참아냈어야 했지만 말이야. 그는 그보다 20년 전에
코리올라누스가 우리나라에서 저지른 것과 똑같은 일을 저지르
고 말았다네.[91] 이들을 도와줄 반역의 조력자는 한 명도 없었고,
그리하여 이들 모두는 스스로 목숨을 끊었다네.[92] **43** 따라서 불
량한 자들의 그런 공모를 우정을 이유로 덮어주어서는 안 되며,
오히려 극형으로 처벌해야 하네. 누구도 조국을 두고 전쟁을 불
사하는 친구를 추종함을 가당한 일이라 생각하지 못하도록 말일
세. 하지만 그럴 기미가 보이는 이상, 아마도 장차 일이 벌어질
모양이야. 작금의 사태도 그렇지만, 못지않게 내가 죽고 나서 국
가가 어떻게 될는지 걱정스럽다네.

XIII 44 그러니 우정의 제1원칙을 이렇게 제정하도록 하세. '우
리는 친구들에게 선한 것들만을 청하고, 친구들을 위하여 선한
것들만을 행하되, 청하기를 기다리지 말아야 한다. 언제든 응할
용의가 있어야 하며, 추호의 망설임도 없어야 한다. 우리는 과감
히 기탄없이 조언해야만 한다. 바른 권고를 하는 친구들이 우정

---

91 그나이우스 마르키우스 코리올라누스는 로마에서 추방되어 로마를 정복할
목적으로 적을 이끌고 로마로 쳐들어온 인물이다. 키케로는 이 사건을 기원
전 490년경으로 생각하고 있다. 각주 73을 보라.
92 이들이 자살했는지는 불확실하다. 투퀴디데스는 테미스토클레스가 자살했
다고 생각하는 사람들도 있다고 말해준다.

에서 가장 큰 힘을 가지게 할 것이며, 그 힘은 충고하는 데 발휘되어야 하고, 사안에 따라서는 솔직하면서도 준엄해야 하며, 그 힘이 발휘된다면 복종해야 한다.'

45 물론 내가 듣기로 희랍에서 현자라고 여겨졌다고 하는 몇몇 사람들은 내 생각에 모순된 것들을 주장하였네.[93] 하기야 그들이 그 교묘한 논리로 주장하지 못할 것이 없지. 하나가 여럿 때문에 근심하는 일을 피할 수 있도록 과도한 우정은 피해야 한다고 주장하는 사람들도 있었다네.[94] 각자 자신의 일들만으로도 차고 넘치는데, 타인의 일에 너무 얽혀드는 것은 성가신 일이라고 한 것이지. 최대한 느슨하게 우정의 고삐를 잡고서 때로 잡아당기고 때로 늦추어야 가장 유익한데,[95] 행복한 삶의 핵심이 '근

---

93 키케로는 'παράδοξα'를 'mirabilia' 내지 'admirabilia'로 번역하였다. 『아카데미아 학파』 II 136 'mirabilia Stoicorum, quae παράδοξα nominantur.' 『스토아 철학의 역설』 4 'admirabilia contraque opinonem omnium, ab ipsis etiam παράδοξα appellantur.'

94 우정에서도 '지나치지 말라'라는 희랍의 격언이 적용된 사례는 에우리피데스. 『힙폴뤼토스』 253행 이하에서 찾을 수 있다. "사람끼리 서로 정을 주고받더라도 그 결합은 절도가 있어야지. 마음의 가장 깊숙한 곳까지 파고들어서는 안 돼요. 마음의 정은 쉽게 풀 수 있어야 하고, 떨쳐버릴 수도, 팽팽히 죌 수도 있어야 해요. 하지만 지금 내가 여기 이 마님을 위해 고통을 느낀다면, 그건 무거운 짐이에요."

95 소포클레스, 『아이아스』 677행 이하 "하거늘 우리는 왜 자제하는 법을 배우면 안 되지? 나는 배울래. 이제 와서 나는, 적을 미워하되 나중에는 친구가 될 수 있을 만큼 미워하고, 친구에 관해 말하자면 언제까지나 친구로 남지 않을 것처럼 베풀고 도와주어야 한다는 것을 깨닫게 되었으니 말이야. 대부

심 없음'이라고 할 때, 여럿 때문에 산고를 겪는 영혼은 이를 누릴 수가 없다고 하였다네. **46** 하지만 사람들이 말하길, 다른 이들은 훨씬 더 비인간적으로 — 나는 이 논점을 앞서 간략하게 지나왔는데 — 우정이 욕망해야 할 것이 되는 것은 도움과 부조 때문이지, 호의와 애정 때문이 아니라고 하였다네.[96] 따라서 굳건함이 없는 사람일수록, 힘이 없는 사람일수록 그만큼 우정을 더욱 찾는 법이라, 그래서 계집애들은 사내들보다, 가난한 자들은 부유한 자들보다, 불행한 자들은 행복하다고 생각되는 사람들보다 더 열심히 우정의 도움을 구한다고 말한다네.

47 대단한 지혜로세! 삶에서 우정을 없앤 이들은 세상에서 태양을 없앤 것과 같으니, 우리에겐 불멸의 신들이 주신 것들 가운데 우정보다 좋은 것이, 우정보다 즐거운 것이 없는데도 말일세. 도대체 그들의 '근심 없음'은 무엇인가? 외관상으로는 매력적이지만, 실질적으로는 여러 점에서 배척해야 할 것이네. 근심을 없애기 위해서 훌륭한 일이나 행동을 수행하지 않는다거나, 맡은 일을 포기한다는 것은 적합하지 않기 때문이네. 근심을 피한다면 덕도 버리지 않을 수 없는데, 덕은 덕에 반하는 것들을 멀리하고 물리치려는 근심을 할 수밖에 없기 때문이네. 예를 들

분의 인간들에게 우정이란 믿음직한 항구가 못 되니까."
96 앞서 26에서 이득에 따른 우정이 언급되었다.

어 선이 악을, 절제가 방종을, 용기가 비겁을 물리치는 데에 그러하네. 그리하여 정의로운 사람들은 불의 때문에, 강인한 사람들은 나약함 때문에, 자제하는 사람들은 방탕함 때문에 더없이 크게 고통 받음을 자네는 알아야 하네. 따라서 잘 훈련된 영혼의 특성은 선한 일에 즐거워하고 그 반대되는 일에 고통스러워하는 것이네. **48** 따라서 현자의 영혼에 인간미가 완전히 제거되었다고 생각한다면 모를까, 현자에게 영혼의 고통이 발생하고, 그러니까 현자도 고통에 빠지기 마련인 것을, 우정 때문에 번민할 일을 일체 없애려고 삶에서 우정을 송두리째 없애버릴 이유가 있는가? 영혼의 흔들림이 없다면, 말하노니, 가축은 말할 것도 없고 나무 등걸이나 돌덩이 혹은 이런 유의 것과 인간이 다를 것이 무엇인가? 따라서 덕은 단단하기가 마치 무쇠 같다 주장하는 자들의 말에 귀를 기울이지 말아야 하네. 덕은 많은 일에서, 특히 우정에서 부드럽고 유연하기 때문에 친구의 좋은 일들에 친구의 영혼은 말하자면 팽창하고, 친구의 불행들에는 위축되네.[97] 따라서 친구를 위해 때로 할 수밖에 없는 염려는 삶에서 우정을 없앨 만큼 크지는 않은데, 얼마간의 걱정과 번민을 불러오는 덕을 거부하지 않는 것과 같은 원리라네.

---

97 키케로는 영혼의 위축을 고통과 연결하고, 영혼의 팽창 내지 분출을 기쁨과 연관시킨다. 『투스쿨룸 대화』 IV 31, 66 이하 "고통 가운데 영혼의 위축처럼 희열 가운데 영혼의 분출도 같은 결함입니다."

XIV 어떤 이가 우정을 맺을 때, 앞서 말한 것처럼, 덕의 표지가 밝게 빛나고 비슷한 영혼이 거기에 다가가고 결합하게 된다면, 이런 일이 일어날 때 필연적으로 사랑이 생겨나는 것이네.[98] **49** 관직이니, 명예니, 저택이니, 의복이니, 장신구니, 많은 헛된 것에 기뻐하면서도, 덕을 갖춘 영혼, 그러니까 사랑할 수 있고 — 이렇게 말할 수 있다면 — '되사랑'할 수 있는 존재에는 그만큼 크게 기뻐하지 않는다면, 이보다 어처구니없는 일이 무엇인가? 호의에 보답하는 것보다 즐거운 일은, 헌신과 진심을 주고받는 것보다 즐거운 일은 없다네. **50** 첨언하는 것이 옳을 수 있는 것을 첨언하자면, 무엇이 무엇을 이끌고 당긴다고 할 때, 우정을 이끌고 당기는 것으로 유사성만 한 것이 없지 않은가? 실로 참된 것이라 할 것인바, 선한 사람들은 선한 사람들을 연모하고 마치 혈연으로 결속된 것처럼 끌어안는다네. 혈연은 무엇보다 강하게 자기와 닮은 것들을 욕심내고 움켜쥐려 하지. 판니우스와 스카이볼라여, 따라서 내 생각에는 명백한데, 선한 사람들은 선한 사람들에게 거의 필연적인 호의를 가지는바, 이는 자연이 부여한 우정의 원천이네. 물론 이 선함은 또한 대중에게 미치

---

98 『의무론』 I 15, 46 "*significatio virtutis*". 『투스쿨룸 대화』 II 24, 58 이하 "우리는 본성상, 앞서 언급하였으며 앞으로도 자주 언급해야겠지만, 훌륭함을 더없이 크게 열망하고 추구하는 존재입니다. 이를 마치 빛처럼 조금이라도 보게 되면 이를 얻기 위해서 견뎌내고 참지 못할 것이 없습니다."

기도 한다네. 덕은 몰인정하지도 잔인하지도[99] 오만하지도 않기 때문으로, 덕은 또한 백성을 보살피고 그들을 아주 잘 돌보곤 하는데, 이는 실로 대중에게 애정을 가지지 않고서는 불가능한 일이네.

51 또한 나는 유익 때문에 우정을 가장하는 자들은 우정의 가장 사랑스러운 마디를 잘라버린 자들이라고 생각하네. 친구를 통해 얻는 유익보다 친구의 사랑 자체가 우리를 기쁘게 하기 때문이지. 진심과 함께 올 때 친구에게서 온 것이 즐거운 것이네. 필요 때문에 우정을 섬긴다는 것은 턱없는 소리네. 능력과 재력을, 그리고 특히 가장 강력한 보호막인 덕을 갖추어 다른 사람을 필요로 하지 않는 사람들이야말로 가장 너그럽고 호의적인 사람들이네. 그렇지만 모르긴 몰라도 친구에게서 아무것도 전혀 필요로 하지 않는 일도 좋은 것은 아니네. 만약 집에서나 전장에서나 스키피오가 우리의 조언도, 우리의 조력도 전혀 필요로 하지 않았다면 어떻게 우리의 진심을 보일 수 있었겠는가? 그러므로 우정이 유익을 따르는 것이 아니라, 유익이 우정을 따르는 것이네.

XV 52 따라서 쾌락에 탐닉하는 사람들[100]의 말을 들을 필요가

---

99 전승사본에 '*immunis*'가 보이는데, 이는 '사회적 의무와 복무를 면제받은'이라는 뜻을 가진다. 따라서 이어지는 문장에서 언급된 사회적 복무와 연결된다.
100 에피쿠로스 학파나 퀴레네 학파를 염두에 둔 말로 보인다.

없네. 우정의 관행이나 이론을 전혀 알지 못하는 그 사람들이 장
차 우정을 논한다면 말일세. 도대체 누가, 신들과 인간들의 신
의에 맹세코, 누구도 연모하지 않고 누구의 연모도 받지 못하면
서 온갖 풍요가 넘치고 온갖 것이 부유한 가운데 살아가길 원한
단 말인가? 왜냐하면, 이는 분명 어떤 신의도, 어떤 애정도, 어
떤 안정적 호의의 믿음도 있을 수 없는 참주들의 삶이기 때문이
네. 늘 모든 것을 의심하고 염려하는 그들에게는 어디에도 우정
의 여지가 없다네.[101] **53** 자기가 두려워하는 사람을 누가 연모하

---

101 『투스쿨룸 대화』 V 20, 57~60 "디오뉘시오스는 25살에 권력을 잡았고, 이
후 38년 동안 쉬라쿠사이의 참주였습니다. 그는 얼마나 아름다운 도시를,
얼마나 부유한 국가를 억압하고 속박하였습니까! 권위 있는 기록자들이 이
사람에 관해 적어놓은 바를 받아들이자면, 생활에서 그는 더없이 큰 절제
력을 보여주었고, 일 처리에서 예리하고 근면했던 사람이었지만, 본성은
사악하고 불의하였습니다. 이로부터 진실을 제대로 직시하는 모든 사람에
게 그는 더없이 불행한 사람으로 보일 수밖에 없습니다. 그는 그가 원했던
것들을, 스스로 뭐든지 할 수 있다고 믿었지만, 전혀 이루지 못했기 때문
입니다. **58** 사람마다 전하는 것이 다르긴 하지만, 그는 귀한 가문의 훌륭
한 부모에게서 태어났습니다. 그에게 동년배 친구들과 오래 사귄 친지들이
많았고, 심지어 희랍 방식대로 사랑을 나누던 소년들도 곁에 있었지만, 그
는 그들 가운데 누구도 믿지 않았고, 부유한 집안들의 노예들을 가려 뽑아
이들에게서 노예라는 딱지를 떼어준 다음 이들에게, 심지어 일부 망명자들
과 사나운 이방인들에게 자신의 신변 경호를 맡겼습니다. 불의한 권력욕
때문에 그는 자신을 일종의 감옥에 가두었으며, 심지어 이발사에게까지 목
을 맡기지 않으려고 자신의 딸들에게 머리 깎는 법을 가르쳤습니다. 그래
서 이 천한 하녀의 기술을 익혀 왕가의 처녀들이 여자 이발사처럼 아비의
수염과 머리카락을 깎았습니다. 그러고도 모자라 딸들이 장성하자, 이들

며, 혹은 자기를 두려워한다고 생각되는 자를 누가 연모하는가? 참주들을 섬기는 것은 다만 겉으로 그런 것이고 그것도 잠깐 동안만이네. 대부분의 경우 그렇듯이 그들이 사망하면, 그때에 그들이 얼마나 친구가 없었는지를 알게 되지. 전하는바, 타르퀴니우스는 추방된 후, 자신에게 누가 진실한 친구이고, 누가 그렇지 않은 친구인지를 그가 누구에게도 되갚아줄 수 없을 처지가 되어서야 알았다고 말했다 하네. **54** 하지만 그 오만함과 무례함 때문에 그에게 과연 친구가 한 명이라도 있을 수 있었을까 나는 의심한다네. 실로 방금 내가 말한 성품의 사람이 참된 친구들을 얻

에게 칼을 빼앗고, 불타는 호두 껍데기를 이용하여 머리와 수염을 그을려 다듬게 하였습니다. **59** 그리고 그는 동향의 아리스토마케와 로크리의 도리스, 이 둘을 아내로 두었는데, 밤에 아내들을 찾아갈 때마다 사전에 모든 것을 살피고 철저히 수색하였습니다. 그리고 침대 주변에 넓게 해자를 두르고, 작은 나무다리로 해자를 건너는 통로를 연결하였는데, 침실 입구를 봉쇄하고 나서는 그것마저 치우곤 했습니다. 또한, 그는 일반적인 연단에 감히 서지 못했기 때문에 높은 탑 위에서 연설하곤 하였습니다. **60** 그리고 그는 공놀이를 취미 삼아 자주했는데, 공놀이를 원해서 웃옷을 벗을 때면 사랑하는 젊은이에게 검을 맡겼다고 합니다. 한번은 가까운 친구가 농담으로 '이 젊은이에게 분명코 당신의 생명을 맡겼습니다'라고 말했고 그 젊은이가 웃음을 보냈을 때, 그는 둘을 모두 처형하라고 명령하였는데, 한 사람은 자신을 살해할 방법을 알려주었고, 다른 사람은 그의 말을 웃음으로 수락했기 때문이라고 했습니다. 그리고 그렇게 하고 나서 그는 인생에서 그보다 더한 일을 당한 적이 없는 것처럼 고통스러워했습니다. 열렬히 사랑하던 젊은이를 죽였던 겁니다. 절제 못하는 사람들의 욕망은 이와 같이 양극단으로 갈라집니다. 하나를 따르면 반드시 다른 하나와 충돌해야 합니다."

을 수 없었던 것처럼, 많은 절대 권력자들의 지위도 진실한 우정을 가로막는다네. 행운의 여신은 본인이 앞을 보지 못할 뿐만 아니라, 많은 경우 자신에게 안긴 자들도 앞을 보지 못하게 만들지. 그리하여 그들은 대개 오만하고 불손해지는데, 어리석은 행운아보다 역겨운 것은 있을 수 없지. 또한 이것도 볼 수 있는 일인데, 전에는 품성이 반듯했던 자들이 권력과 권세와 성공 때문에 돌변하여 예전의 우정을 업신여기고 새로운 우정에 몰두하는 일이 있네. **55** 하지만 이보다 어리석은 일은 무엇인가? 재력과 능력과 세력으로 아주 많은 일을 할 수 있다고 할 때, 돈으로 마련할 다른 것들, 그러니까 준마들, 하인들, 훌륭한 의복, 값진 그릇은 마련하면서도, 인생에서 가장 훌륭하고, 말하자면 가장 어여쁜 살림인 친구들을 마련하지 않는 것보다 어리석은 일이 있는가?[102] 그들은 우정 이외의 다른 것들을 마련했지만 그것들을 누구를 위해 마련하는지도 무엇 때문에 고생하는지도 알지 못하네. 그것들은 결국 힘으로 정복한 자의 것이기 때문이지. 하지만 우정이라는 재산은 각자에게 지속적이고 확실한 소유로 영원히 남으며, 언필칭 행운의 선물들이 각자에게 남더라도, 친구들로부터 버려져 외톨이가 된 인생은 즐거울 수 없을 것이네. 하지만 이 문제는 여기까지 하세.

---

102   크세노폰, 『소크라테스 회상』 II 4, 1~2를 보라(부록 참조).

XVI 56 그럼 이제 우정에 경계가 있다면, 말하자면 경계석을 골라야 하네.[103] 경계에 관해 나는 세 가지 의견을 제시하겠는데, 이들 가운데 어떤 것도 나는 옳다 여기지 않지. 첫 번째는 우리가 우리 자신을 대하는 것과 똑같이 친구를 대해야 한다는 의견이네.[104] 두 번째는 친구들에게 보일 우리의 호의는 우리에게 보여주는 친구들의 호의에 맞추어 대등하고 똑같아야 한다는 의견이지. 세 번째는 각자는 자신이 자신을 평가하는 만큼 꼭 그만큼 친구들로부터 대접받아야 한다는 의견이네. **57** 이 세 가지 의견들 가운데 어떤 것에도 나는 전혀 동의하지 않네.

첫 번째 의견은 진실이 아니네. 각자는 친구를 자기 자신만큼 대한다는 것 말일세. 우리가 우리 자신을 위해서라면 하지 않을 일인데도 우리는 친구를 위해서는 하기 때문이지.[105] 가당치 않은 자에게 탄원하고 무릎 꿇는다든지, 어떤 이를 정도(程度) 이

---

103 전승사본에 '*diligendi*'가 보이며 '좋아하다' 혹은 '연모하다'로 번역할 수 있다. 일부 학자들은 '좋아함의 한계'라는 번역을 내놓았다.

104 키케로는 『투스쿨룸 대화』 III 29, 73 이하에서 애도와 관련하여 이와 전혀 다른 의견을 피력한다. "우리에게 마땅히 아주 소중한 사람이어야 할 사람들을 우리 자신만큼 사랑하는 일, 이는 훌륭한 일이며, 참으로 올바르고 참된 일이기도 합니다. 하지만 우리 자신보다 많이는 불가능한 일입니다. 우정에서 친구가 자신보다 나를, 나 자신보다 내가 친구를 사랑하는 것은 열망해서는 안 될 일입니다. 만일 이런 일이 일어난다면 인생과 모든 의무에 혼란이 뒤따릅니다."

105 크세노폰, 『소크라테스 회상』 II 4, 7 이하를 보라(부록 참조).

상으로 심하게 몰아세우고 정도 이상으로 맹렬하게 비난한다든지, 이것들은 우리 자신을 위해서라면 그다지 훌륭한 일은 아니지만, 친구들을 위해서라면 더없이 훌륭한 일이 되지. 선한 사람들이 자신들의 유익 가운데 많은 부분을 떼어주거나 떼어가도록 허용하는 것은 많은 경우 자신들보다는 친구들이 그것들을 쓰게 하려는 것이네.

58 두 번째 의견은 우정을 헌신이나 호의의 균형으로 정의하려는 것이지. 이는 아주 정밀하고 세밀하게 우정을 계산하여, 주고받는 것들이 똑같이 되도록 한다는 것이네. 나는 참된 우정이란 조금 더 풍요롭고 조금 더 후한 것이라고 생각하네. 받은 것보다 더 내주지 않도록 엄격하게 지켜본다, 그건 참된 우정이 아니지. 뭔가가 새어 나가지 않을까, 혹은 뭔가가 땅바닥에 떨어지지 않을까, 혹은 뭔가 정당한 것 이상으로 우정에 베풀지 않을까를 두려워해서는 안 되네.[106]

59 그런데 각자는 자신이 자신을 평가하는 만큼 꼭 그만큼 친구들로부터 대접받아야 한다는 세 번째 경계는 그중 제일 형편

---

106 『니코마코스 윤리학』 1158b10 이하에서 아리스토텔레스는 '우열에 기초한 우정'을 논의하는데, 아버지와 아들, 연로한 사람과 나이가 적은 사람, 통치자와 피치자 사이의 우정을 다룬다. 우정은 일차적으로 양적 동등성에 따르지만, 우열에 기초한 우정처럼 한쪽이 일방적으로 더 많은 것을 제공하는 경우도 있다.

없는 것이네. 때로 사기가 정도 이상으로 저하되거나 혹은 형편이 좋아지리라는 희망이 정도 이상으로 부서져버린 어떤 이들이 있기 때문이지.[107] 따라서 친구가 자신을 생각하는 것처럼 꼭 그렇게 그를 대접하는 것은 친구의 도리가 아니네. 친구의 풀죽은 용기를 북돋아주고 희망과 더 나은 생각을 갖도록 노력하는 것이야말로 친구 된 도리네.

따라서 참된 우정의 경계는 달리 정해야 하는데, 먼저 스키피오가 아주 강하게 비난하곤 하던 것이 무엇인지를 알려주고 나서 그리하세. '사랑하되, 언젠간 미워하게 될 것처럼 사랑하라' 말했던 사람[108]의 발언은 우정에 더는 없을 만큼 적대적인 발언이라고 그는 말하곤 했다네. 그는 이것이 사람들이 생각하는 것

---

107 『니코마코스 윤리학』 1125a117 이하에서 아리스토텔레스는 '자긍심이 낮은 사람 μικρόψυχος'을 설명한다. "이들은 위축된 사람으로 생각된다. 그런 생각이 그들을 더 열등하게도 만드는 것으로 보인다. 각자는 가치에 걸맞은 것을 추구하지만, 그들은 자신들이 그러한 일을 할 만하지 않다고 생각해서 고귀한 행동들을, 고귀한 노력들을, 외적인 좋음을 멀리한다."

108 아리스토텔레스는 『수사학』에서 이 계율이 비아스에게서 유래한다고 주장한다. 디오게네스 라에르티오스(『유명한 철학자들의 생애와 사상』 I 87)도 비아스가 한 말로 전한다. 이 계율은 겔리우스에 따르면(『아티카의 밤』 I 3, 30) 라케다이몬 사람 케일론이 한 말이다. 소포클레스, 『아이아스』 678행 이하 "적을 미워하되 나중에는 친구가 될 수 있을 만큼 미워하고, 친구에 관해 말하자면 언제까지나 친구로 남지 않을 것처럼 베풀고 도와주어야 한다는 것을 깨닫게 되었으니 말이야."

처럼 칠현인 가운데 하나였던 비아스[109]가 말했다고 믿기 어려우며, 이는 어떤 불순한 자나, 야망이 넘치는 자나, 혹은 모든 것을 자신의 권력에 연관시키는 자의 생각이라고 말했네. 왜냐하면, 자신의 적이 될 수도 있다고 생각하는 사람과 어떻게 친구가 될 수 있겠는가? 그렇게 되면 필연적으로 도출되는 바는, 심지어 친구가 최대한 많은 실수를 범하여 그를 책망할 빌미가 자신에게 더 많이 생기길 희망하고 소망하게 되고, 반대로 친구들의 올바르고 반듯한 행동에 걱정하고 고통스러워하고 질투하게 될 것이기 때문이네. **60** 그러므로 이런 계율은 그것이 누구의 것이든 정녕 우정을 없애는 결과를 초래하네. 차라리 언젠가 미워하게 될 수 있는 친구는 애초부터 사랑하지 않는다는 주의사항을 우정을 구축하는 데에 가르쳤어야 했을지 모르네. 하지만 친구를 선택함에 운이 없었다면, 스키피오는 대결의 때를 벼르지 말고 이를 참고 넘어가야 한다고 생각하였지.

XVII 61 그럼 이제 우정의 경계를 이렇게 정해야 한다고 나는 생각하네. 흠결 없는 성품의 친구들이라면 그들 사이에는 만사에 계획과 의지의 예외 없는 공유가 있겠지만, 친구들의 다소 정의롭지 못한 의지를 거들어야 하는 일이 혹여 생길 때, 그 일이 친구의 목숨이나 명성이 걸린 일이라면, 우리는 정도(正道)를 벗

---

109 비아스는 이오니아의 프리에네 사람으로 기원전 6세기에 살았던 사람이다.

어날 수도 있다네. 다만 엄청나게 큰 추함이 따르지 않는다면 말이네. 우정에는 용인할 수 있는 선이 있기 때문이지. 명성을 가볍게 생각해서는 안 되며, 시민들의 호의는 일을 성사시키는 작지 않은 무기라고 생각해야 하네. 명성을 아양과 아첨으로 얻는 것은 추한 일이지만, 덕이 있고 이에 애정이 뒤따른다면 이는 배격해서 안 될 것이지.

62 하지만 스키피오는 — 그가 늘 우정을 거론하였기에 나는 자꾸 스키피오에게로 돌아가는데 — 사람들이 다른 모든 일에는 더 정성을 기울인다고 자주 한탄하였네. 사람들은 염소와 양은 얼마나 가지고 있는지 말할 수 있지만, 친구는 얼마나 있는지 말할 수 없으며,[110] 다른 것들을 마련하는 데는 정성을 쏟으면서, 친구를 선택하는 데는 무심하며, 우정을 쌓을 만한 인물을 판단하는 일종의 표식이나 어떤 징표가 없다고 하였지.[111]

그러므로 그런 사람은 대단히 드물지만, 굳세고 확고하고 한결같은 사람을 골라야 하네. 사람을 판단하기도 겪어보지 않고는 아주 어려운 일이지.[112] 그런데 겪어보는 것도 우정을 나누면

---

110 크세노폰, 『소크라테스 회상』 II 4, 4를 보라(부록 참조).

111 에우리피데스, 『힙폴뤼토스』 925행 이하 "인간들이 친구들에 대한 확실한 징표를 갖고 있어, 누가 진정한 친구고, 누가 거짓 친구인지 마음속을 들여다볼 수 있다면 좋을 텐데."

112 아리스토텔레스, 『에우데모스 윤리학』 1238a1 "친구는 시험 없이 단 하루만에 생기지 않고 세월을 필요로 한다." 『니코마코스 윤리학』 1156b25 "게

서 비로소 할 수 있으니, 우정은 판단을 앞지르며 우정은 겪어볼 기회를 박탈하네. **63** 따라서 현명한 사람은 마차를 멈추듯 호의를 베풀 충동을 멈춰 세워 보아야 하네. 그렇게 마치 말들을 평가하듯[113] 어느 정도 우정을 나누며 친구들의 성품을 겪어볼 수 있도록 말이네.[114] 어떤 이들은 흔히 작은 액수의 돈에도 그들이 얼마나 경솔한지를 드러내지.[115] 하지만 적은 돈으로 움직일 수 없던 이들은 액수가 커지면 알게 된다네. 설사 우정보다 돈을 선호하는 걸 더러운 일이라고 생각하는 사람들을 발견하게 된다 하더라도, 관직, 고위직, 권력, 권세, 세력을 우정에 앞세우지 않는 사람들을, 한쪽에 이것들을 놓고 다른 한쪽에 우정의 권리를 놓았을 때 앞서 말한 것들을 얼른 선택하지 않을 자들을 우리는 어디에서 발견하게 될 것인가?[116] 인간 본성은 힘에 무관심하기

다가 그러한 친애는 시간과 사귐을 필요로 한다. 속담처럼 소금을 같이 먹어 보기 전에는 서로를 알 수 없기 때문이다."

113 테오그니스 단편 125~126행 "남자의 마음도 여자의 마음도 멍에를 진 가축처럼 시험해 보기 전에는 알 수 없다."

114 『에우데모스 윤리학』 1137b13 이하 "신뢰가 없이는 안정적인 친애가 없다. 그런데 신뢰는 세월없이는 생기지 않는다. …… 시험을 거치지 않고 그러한 방식으로 친해진 이들은 쉽게 갈라설 수 있다는 것이 그 징표이다." 아래의 67을 보라.

115 크세노폰, 『소크라테스 회상』 II 6, 2를 보라(부록 참조).

116 『의무론』 III 10, 43 "유용하게 보이는 것들, 그러니까 관직, 부, 쾌락 등에 속하는 것들을 우정보다 결코 앞세워서는 안 된다."

에는 나약하기 때문이네. 우정을 무시하고 힘을 쫓은 자들은 우정을 무시할 커다란 명분을 찾을 것이니 그런 일이 곧 망각 속에 묻힐 것이라고 생각들 하네. **64** 그리하여 관직에 나가고 국사(國事)를 맡은 자들에게서 참된 우정을 찾아보기란 어렵지. 친구의 입신양명을 자신의 출세보다 중시하는 사람을 거기 어디서 찾겠는가? 각설하고, 어떤가, 남의 불행을 함께함이 대부분의 사람들에게 얼마나 고통스럽고 얼마나 어려운 일로 생각되는가? 불행한 타인을 편 들어줄 연대(連帶)를 찾기란 쉬운 일이 아니지. '확실한 친구는 불확실한 일 가운데 확실해진다'[117] 한 엔니우스[118]의 말은 옳은 소리인데, 경솔하고 유약한 대부분의 사람들은 다음의 두 가지를 넘어서지 못하네. 일이 잘 풀리면 친구를 깔보고 일이 잘못되면 친구를 저버리지. 그러므로 두 가지 경우에 우정을 두고 신중하고 한결같고 확고한 모습을 보여주는 사람, 우리는 이런 사람이 인간 종족 가운데 지극히 드물며, 거의 신적 존재가 아닌가 생각해야 하네.

117 엔니우스 비극 단편 210 Vallen. 에우리피데스, 『헤카베』 1226행 "진정한 친구는 어려울 때 가장 확연히 드러난다."
118 엔니우스(기원전 239~169년)는 로마 최초의 시인들 가운데 한 명으로, 아이네아스의 건국신화로부터 제2차 카르타고 전쟁까지를 다루는 서사시 『연대기 *Annales*』를 남겼다. 그는 로마의 호메로스로 불리며 서사 문학적 문체의 기초를 놓았다고 할 수 있다. 여러 편의 비극 작품도 썼는데, 모두 단편으로만 남아 있다.

XVIII 65 그런데 우리가 우정에서 찾는 확고함과 한결같음의 버팀목은 신의일세.[119] 신의가 없으면 확고함도 없기 때문이지. 나아가 담백하고 상냥하면서 공감하는,[120] 그러니까 같은 일에 움직이는 사람을 선택하는 것이 좋네. 이것들 모두가 신의와 연관되지. 복잡하고 배배 꼬인 성격에는 신의가 있을 수 없고, 같은 일에 움직이지 않고 본성적으로 공감하지 못하는 사람은 신의가 있을 수 없거나 또는 확고할 수 없기 때문이네. 여기에 덧붙인다면, 친구라면 비방하길 즐기지 않고[121] 혹은 비방이 제기되어도 이를 믿지 않을 것이네. 이것들은 모두 앞서 내가 다룬 한결같음과 이어지네. 따라서 내가 처음에 말했던 것이 참이 될 것인바, 선한 사람들이 아니면 우정이 불가능하다네. 선한 사람, 동시에 현자라고도 부를 수 있는 사람은 우정에서 다음의 두 가

---

119 『에우데모스 윤리학』 1137b13 "신뢰가 없이는 안정적인 친애가 없다." 키케로, 『의무론』 I 7, 23 "정의의 토대는 신의인바, 신의란 즉 말과 약속의 한결같음과 진실입니다. 비록 어떤 이에게는 아마 정도 이상으로 가혹해 보일 수도 있지만, 과감히 어원을 열심히 탐구하는 스토아 학파를 모방해 봅시다. 그리하여 신의 *fides*란 것은 말 *dictum*이 말한 그대로 이루어진다 *fiat*는 뜻이라고 믿어봅시다."

120 『니코마코스 윤리학』 1166a3 "사람들은 상대방을 위해 좋은 혹은 그렇게 보이는 것을 바라고 행하는 사람, 혹은 바로 그를 위해서 그가 존재하고 살아 있기를 바라는 사람, 혹은 같이 지내고 동일한 가치를 선택하는 사람 혹은 고통이나 기쁨을 함께 나누는 사람을 친구라고 본다."

121 크세노폰, 『소크라테스 회상』 II 6, 4를 보라(부록 참조).

지를 지켜야 하네. 첫째로, 결코 지어내거나 꾸미지 말아야 하네. 솔직한 사람은 드러내놓고 미워하지, 표정으로 본심을 숨기지 않기 때문이지. 둘째로, 남이 전하는 고발을 배척하고 언제나 친구가 잘못을 저질렀다고는 생각하거나 의심하지 않아야 하네. **66** 여기 덧붙여 일종의 유쾌함이 말과 성품에 있어야 하네.[122] 우정의 적잖은 양념이기 때문이지. 엄격함과 매사에 준엄함도 신중함을 보여주지만, 우정은 좀 더 부드럽고, 더 자유로우며, 좀 더 감미롭고, 온갖 상냥함과 수월함으로 더 기우는 법이네.

XIX 67 그런데 여기서 좀 어려운 문제가 제기되네. 우정을 맺을 만한 새로운 친구들을 때로 오랜 친구들보다 중시해야 하느냐의 문제인데, 마치 우리가 늙은 말들보다 어린 말들을 선호하듯이 말이네. 사람이라면 가질 수 없는 망설임이지. 다른 것들은 몰라도 우정을 두고 질린다는 것은 있을 수 없는 일이기 때문이네. 세월을 품은 포도주처럼 아주 오래된 우정이야말로 더없이 달콤하네. 우정의 과업을 완수하기 위해서는 소금 몇 말은 함께 먹어야 한다는 속담은 옳은 소리지.[123] **68** 하지만 기대를 걸게 되

122　『니코마코스 윤리학』 1158a6 "달갑지 않은 사람들과 친구가 되지 않기 때문이다. 마찬가지로 성마른 사람도 친구가 되지 못한다. 그러한 사람들은 서로 선의를 가지고 있을 뿐이다. 서로 잘되기를 바라고 유익을 위해 협조하니까. 그러나 그들이 온전한 친구인 것은 아니다. 그들은 함께 시간을 보내지도 않으며 서로에게서 기쁨을 느끼지도 않기 때문이다."

123　각주 112를 보라.

는 새로운 우정은, 기대를 저버리지 않는 모종들처럼 곡식이 열릴 터이므로, 사실 배척되어서는 안 되네. 물론 오랜 우정은 제자리에 두어야 하네. 세월과 습관의 힘은 더없이 크기 때문이라네. 아니 오히려 방금 언급한 말의 경우에도 누구든지 다른 조건이 같다면 새로 들여 길들이지 않은 말보다 익숙한 말을 기꺼이 타려고 할 것이네. 게다가 동물뿐만 아니라 무생물들에게조차 습관의 힘은 크다네.[124] 산세가 험한 첩첩산중일지라도 오랜 시간 머문 곳에 우리는 기뻐하는 법이라네.

69 하지만 우정에서 가장 중요한 것은 자기보다 처지는 사람을 겸손하게 대하는 것이라네.[125] 흔히 출중한 인물들이 있기 마련인데, 말하자면 우리 무리 가운데 출중했던 스키피오의 경우

---

124 『니코마코스 윤리학』 1158b30 "애호는 생물 못지않게 무생물에 대해서도 성립한다." 키케로, 『최고선악론』 I 20, 69 "심지어 장소, 성소, 도시, 체육관, 운동장, 개, 말, 훈련, 사냥을 우리가 습관 때문에 사랑하게 된다고 할 때, 이것이 사람들과의 교제에서 얼마나 더 수월하고 정당하게 일어나는가?"

125 『니코마코스 윤리학』 1158b 이하에서 동등성에 기초한 우정(혹은 친애)을 논의하는 한편 우월성에 기초한 우정도 논의한다. "친애의 또 다른 종류는 우월성에 기초한 것이다. …… 자식들이 자신을 낳아 준 부모들에게 마땅한 것을 되돌려주고, 또 부모가 자식에게 합당한 것을 되돌려줄 때 …… 우월성에 기초한 모든 친애의 경우에 있어서 사랑 또한 비례적이어야 한다." 1163b13 "서로 동등하지 않은 사람들 사이의 사귐도 이러해야 한다. 금전상 이득을 본 사람이나 탁월성과 관련해 도움을 받은 사람은 자신이 할 수 있는 범위 내에서 명예를 돌려주어야 한다."

이네. 하지만 스키피오는 자신을 결코 필루스보다,[126] 결코 루필리우스보다,[127] 결코 뭄미우스보다[128] 앞세우지 않았고, 신분이 낮은 친구들에게도 결코 그렇게 하지 않았지. 스키피오의 친형 퀸투스 막시무스는[129] 대단한 인물이었지만 스키피오와 견줄 만한 인물은 아니었는데, 그가 나이가 많았기에 그를 스키피오는 마치 자기보다 탁월한 사람처럼 대접하였지. 그리하여 스키피오는 그의 사람들 모두가 그들 자신의 힘으로[130] 더욱 강해지길 희망하였네. **70** 이는 모두가 본받아 행해야 할 것이네. 만약 덕과 재능과 재산의 우월함을 가졌다면 이를 주변 사람들에게 나누어 주고 아주 가까운 사람들과 공유해야 할 것이네. 한미한 집안에서 태어난 친구들이 주변에 있다면, 영혼이나 재산이 취약한 친척들이 있다면 그들에게 힘을 보태주어야 하고 그들의 명예와 존엄이 되어주어야 하지. 예를 들어 옛이야기들을 보면, 출

---

126 루키우스 푸리우스 필루스는 기원전 136년 집정관을 역임하였고, 누만티아 전쟁에서 혁혁한 전공을 거두었다.

127 푸블리우스 루필리우스는 기원전 132년 집정관을 역임하였고, 기원전 131년 시킬리아 총독을 지냈다.

128 스푸리우스 뭄미우스는 기원전 146년에 집정관을 역임한 루키우스 뭄미우스의 동생이다.

129 퀸투스 파비우스 막시무스 아이밀리아누스는 파비우스 막시무스에게 입양된 아이밀리우스 파울루스의 큰아들이다. 기원전 145년에 집정관을 역임하였다.

130 파월(Powell)의 수정에 따라 '*per se ipsos*'로 읽음. 아래의 73 이하를 보라.

생과 신분을 알지 못했기 때문에 오랫동안 종으로 살던 사람은 그가 신 또는 왕의 아들로 밝혀졌을 때에도 오랜 세월 자신의 부모로 여겨왔던 목동에게 애정을 유지하였다네.[131] 그렇다면 진짜 부모, 확실한 부모에게는 더욱더 그러해야 하겠지. 재능과 덕을 포함하여 모든 탁월함이 산출한 열매는 가까운 사람들과 나누면 나눌수록 더욱 커지기 때문이네.

XX 71 그러므로 탁월한 사람은 우정과 혈연의 친밀한 관계에서 자기보다 처지는 사람을 겸손하게 대해야 하는 것처럼, 처지는 사람은 주변 사람들보다 자신의 재능이나 재산이나 위엄이 처진다고 이를 고통스러워해서는 안 되네. 하지만 처지는 사람들 대부분은 늘 무언가를 불평하고 혹은 심지어 비난하기에 이르며, 나아가서 자신들이 수고를 마다치 않고 무언가 충실하고 우호적으로 해주었다고 할 만한 것이 있다고 생각할 때는 더더욱 그러하네.[132] 헌신한 것을 놓고서 비난하니, 참으로 혐오스

---

131 헤로도토스, 『역사』 I 108~122에서 퀴로스는 공주의 아들로 태어났으나, 왕인 외할아버지가 예언이 무서워 그를 몰래 내다버려 죽게끔 하였다. 그러나 왕의 경호대장은 퀴로스를 어떤 소치기에게 주어 키우게 하였다. 나중에 퀴로스의 혈통과 집안이 밝혀졌지만, 퀴로스는 자신을 길러준 소치기 부부에게 고마운 마음을 잊지 않았다.

132 『에우데모스 윤리학』 1234b15 "상호 이질적인 친애들의 경우 책망이 많이 생기고, 정의로운 것을 보기가 쉽지 않다. 왜냐하면 상호 이질적인 것을 하나의 특정 척도로 재기가 어렵기 때문이다."

러운 족속이지. 헌신을 받은 사람은 반드시 이를 기억해야 하지만, 헌신한 사람은 이를 기억하지 말아야 하네. **72** 따라서 탁월한 사람은 우정 앞에서 자신을 낮추어야 하는 한편, 자기보다 처지는 사람을 다소 높여주어야 하네. 자신이 무시당했다고 생각하여 우정을 망가뜨리는 사람들이 때로 있기 때문이지. 사실 그런 일은 자신이 무시당해도 싸다고 스스로 생각하는 사람들에게나 있는 일이지만 말이네. 이런 잘못된 생각에서 말로만이 아니라 실질적으로도 구해주어야 한다네. **73** 하지만 각자의 처지에 맞게 그리하여야 하네. 우선은 자네가 견딜 수 있을 만큼을, 다음으로 자네가 연모하고 도우려는 사람이 감당할 수 있을 만큼을 나누어 주어야 하지. 왜냐하면, 자네가 아무리 출중하더라도 자네의 모든 친구를 최고 권력의 관직까지 끌어올릴 수는 없기 때문이네. 예를 들어 스키피오는 푸블리우스 루필리우스를 집정관에 앉혔지만, 푸블리우스의 동생 루키우스한테는 그러지 못하였네.[133] 친구를 다른 무언가에 앉힐 수 있다고 하더라도, 그 친

---

133 루키우스 루필리우스는 기원전 134년 법무관을 역임하였고, 기원전 131년, 130년, 129년의 집정관직에 계속해서 도전하였으나 실패하였다. 푸블리우스 루필리우스 루푸스는 스키피오의 후원을 받은 정치가로 기원전 132년 집정관을 역임했고 티베리우스 그락쿠스의 지지자들에게 매우 가혹한 처벌을 내렸으며, 시킬리아에서 노예반란을 진압한 것으로 유명하다. 역사가 판니우스의 기록에 따르면, 그는 가벼운 병을 앓고 있었는데, 집정관 선거에서 동생이 낙선했다는 소식에 낙담하였고 곧 사망하였다고 한다. 키케

구가 그것을 감당할 수 있을지를 살펴보아야 하네.

74 전적으로 우정은 나이와 성격이 굳어지고 성숙해질 때 판단해야 하네.[134] 청소년기에 사냥이나 공놀이에 빠져 지내던 사람이[135] 당시 같은 취미를 가졌기에 연모하던 사람들과 여전히 친구로 지낼 것이라고 판단해서는 안 되네. 그런 식이라면 유모나 등하교 머슴이 오랜 세월의 권리로 가장 많은 호의를 요구할 것이네. 이들을 무시해야 한다는 것이 아니라, 다른 방식으로 평가해야 한다는 것이지.[136] 그렇게 하지 않으면 우정은 확고하게 지속될 수가 없네. 성품이 달라지면서 열정도 달라질 텐데, 열정의 차이는 우정을 갈라놓게 된다네. 다른 어떤 이유가 아니라 바로 그런 이유로 선한 사람들은 불량한 사람들과, 불량한 사람들은 선한 사람들과 친구가 될 수 없는 것인데, 그들의 성품과 열

로, 『투스쿨룸 대화』 IV 17, 40 이하를 보라.

134 키케로, 『의무론』 I 32, 117 이하를 정리하면 이렇다. '우리는 청소년이 되자마자, 그러니까 삶의 종류와 경로에서 최선의 선택을 할 수 있기 전에 이미 분명한 선택을 하게 된다.'

135 베르길리우스, 『아이네이스』 제4권 156행 이하 "그때 소년 아스칸은 골짜기 깊은 곳에 맹렬히 말을 달려 즐겁게 염소며, 사슴을 뒤쫓는다. 싱거운 짐승들 틈을 누비며 거품을 부걱대는 멧돼지, 혹은 황금 사자가 튀어나오길 바란다." 테렌티우스, 『안드로스의 여인』 55행 이하 "그는 대부분의 청년들이 모두 그러하듯 정신을 어떤 취미에 온통 쏟아붓는데, 예를 들어 말을 돌보거나 사냥개들을 먹이거나 철학 공부에 말입니다." 공놀이는 많은 벽화 등을 통해 확인되는바 로마에서 상당히 성행하였다.

136 몸젠의 추정을 받아들여 〈aestimandi〉를 보충하였다.

정이 있을 수 있는 가장 큰 차이를 보이기 때문이네.[137]

75 또한 우정에서 계율로 삼을 수 있는 것으로, 무절제한 애정이 친구들의 커다란 유익에 방해가 되어서는 안 되네. 매우 자주 발생하는 일이지. 다시 옛이야기들로 돌아가면, 네오프톨레모스가 트로이아를 함락할 수 없었을 것이네. 만약 그를 양육하였던 뤼코메데스가 많은 눈물을 보이며, 참전하러 가는 길을 막았을 때 그가 뤼코메데스의 말을 들었다면 말일세.[138] 때때로 친구들과 헤어질 수밖에 없는 큰일들이 발생하지. 그리움을 참아낼 수 없다는 이유로 큰일을 막아선다면 이는 본성적으로 허약하고 유약한 사람이고,[139] 바로 그런 이유 때문에 우정을 이루기에 적당한 인물이 아니네. **76** 그러므로 모든 측면에서 무엇을 친구에게

---

137 『니코마코스 윤리학』 1158b32 이하 "이것은 탁월성과 악덕의 차이나 생활 정도에서의 차이, 다른 것에 있어서의 차이가 커지는 경우를 생각해 보면 분명해진다. 그 경우 그들은 더 이상 친구가 아니며, 또 감히 친구라고 할 수도 없기 때문이다. …… 아무런 가치도 없는 사람이 감히 가장 고귀한 사람, 혹은 가장 현명한 사람들의 친구가 될 수는 없기 때문이다."

138 스퀴로스의 왕 뤼코메데스는 네오프톨레모스의 외할아버지다. 네오프톨레모스는 뤼코메데스의 딸 데이다메이아가 아킬레우스에게 낳아준 아들이다. 아킬레우스의 사망 이후 트로이아 전쟁을 끝내려면 네오프톨레모스의 참전이 필수적이라는 신탁이 있었다. 하지만 뤼코메데스는 그가 아직 어리다는 이유로 참전을 막았다.

139 호라티우스는 『카르페 디엠』 I 3에서 희랍으로 떠나는 '영혼의 반쪽' 베르길리우스를 배웅한다. '친구가 곁에 없음' 때문에 호라티우스는 공연히 인간의 무모함, 인간사의 어리석음을 원망하고 있다.

요구할 것인지, 어디까지 친구의 요구를 들어줄 것인지 심사숙고해야 한다네.

XXI 그런데 절교(絕交)할 수밖에 없을 때에는 파국이 뒤따르기 마련이네.[140] 이제 현자들의 친교가 아니라 평범한 자들의 우정으로 우리의 연설이 옮겨가는 것이네. 흔히 친구들의 과오가 우정을 결단 낸다네. 과오라는 것은 친구들 본인에게 저지른 것일 수도 있고, 제3자에게 저질렀지만 그로 인한 치욕이 친구들에게까지 미치는 것일 수도 있지. 따라서 그러한 우정은 교제의 중단을 통해 지워져야 하네.[141] 내가 들었던 카토의 말을 따르자면, 조금씩 해소하되, 매우 견디기 어려운 어떤 불의가 갑자기 불거져서 즉각적인 절연과 단절만이 옳고 훌륭하고 유일한 선택지라면 몰라도, 단번에 끊어내지는 말아야 하지.[142] **77** 그런데 흔히

---

140 『니코마코스 윤리학』 1165b12 "그런데 좋은 사람으로 받아들였던 사람이 나빠졌고, 또 그렇게 보인다면, 그래도 여전히 친구로서 사랑해야 하는가? 모든 것이 사랑할 만한 것은 아니며 좋은 것만이 사랑할 만한 것인 한, 그럴 수 없는 일인가?"

141 키케로, 『의무론』 I 33, 120 "현명한 사람들은 그들이 기쁘게 여기지 않고 옳다고 생각하지 않는 우정이라도 그것을 천천히 해소하는 것이 갑자기 잘라내는 것보다 합당한 일이라고 생각한다."

142 『니코마코스 윤리학』 1165b34 이하 "모르는 사람보다는 친구에게 더 호의를 베풀어야 한다고 생각하는 것처럼, 한때 친구였던 사람에게도 이전에 성립했던 친애에 상응하게 대해야 할 것이다. 그 친애가 과도한 잘못으로 해체된 것이 아닌 한에서 말이다."

있는 일이지만, 성품이나 열정이 바뀌게 되었을 때, 혹은 국사(國事)를 두고 서로 간에 당파적 이견이 발생하게 되었을 때, 방금 말한 것처럼 현자들의 우정이 아니라 평범한 우정을 두고 말하기 때문인데, 우정이 끝나고 동시에 적의가 시작되었다는 인상을 남기지 않도록 신중해야 하네. 왜냐하면, 가깝게 지내던 사람과 전쟁을 벌이는 것만큼 추한 일은 없기 때문이지. 스키피오는 나 때문에 자네들도 알다시피 퀸투스 폼페이우스와[143] 절연하였네. 또한, 그는 국사를 두고 벌어진 이견 때문에 우리의 관직 동료였던 메텔루스와[144] 절교하였네. 하지만 그는 두 경우에 신중하고 절도 있게 처신하였고, 언짢은 마음을 드러내지 않았지.

78 따라서 우선은 친구 간의 절교가 발생하지 않도록 노력하는 것이네. 하지만 그런 일이 일어나면, 우정이 억지로 꺼진 것이 아니라 저절로 꺼졌다는 인상을 주는 것이네. 하지만 더욱더 주위를 기울여야 할 것은 우정이 심각한 불화로까지 변질되지 않

---

143 퀸투스 폼페이우스 네포스는 기원전 141년 집정관을 역임하였으며, 삼두 정치의 폼페이우스는 그의 손자였다. 141년 집정관 선거에서 폼페이우스는 애초 스키피오에게 후보자로 등록하지 않고 라일리우스를 돕겠다고 약속하였다가 약속을 어기고 본인의 이름을 후보자로 올렸다.

144 퀸투스 카이킬리우스 메텔루스는 스키피오와 라일리우스와 함께 조점관을 지냈다. 메텔루스는 148년 마케도니아를 점령하여 로마의 속주로 만들었다. 메텔루스는 그락쿠스 형제에 반대하였으며, 스키피오와는 다른 정견을 가지고 있었다. 키케로, 『의무론』I 25, 87 *"sine acerbitate dissensio."*

도록 하는 것인데, 심각한 불화는 말다툼과 욕설과 비방으로 이어지지. 하지만 그래도 참아줄 수 있으면 참아 넘겨야 하며, 이 정도의 존중은 옛 우정에게 베풀어야 하네. 비방을 당하는 쪽이 아니라 비방을 하는 쪽이 잘못을 범하는 것이지. 전체적으로 이런 과오와 불편 모두에 대한 유일한 예방책, 유일한 대비책은 너무 서둘러서 연모하지 말거나, 합당하지 않은 자들을 연모하지 말라는 것이네.[145] **79** 그런데 자기 안에 사랑받을 이유를 가진 자들만이 우정에 합당한 자들이지.[146] 이런 유는 매우 드물지. 기실 모든 훌륭한 것은 드문 법이네. 모든 면에서 종(種)적 완벽함을 갖춘 어떤 것을 발견하는 것보다 어려운 일은 없다네.

하지만 세상사 가운데 대부분의 사람들이 좋은 것이라고 여기는 것은 오직 이득인바, 사람들이 친구로 선택하는 것도 마치 가축처럼 가장 많은 이득을 가져다줄 것이라고 기대하는 사람들이네. **80** 그리하여 이들은 가장 아름다운 자연스러운 우정을 알지 못하게 된다네. 그 자체로 그것 때문에 선택되는 우정을 말이네. 이런 우정의 힘이 어떠하며 얼마나 큰지를 깨닫게 할 귀감을 그

---

145 디오게네스 라에르티오스, 『유명한 철학자들의 생애와 사상』 I 60 이하에 전하는 솔론의 충고를 보라. "서둘러 친구로 삼지 말라. 일단 친구로 삼은 자라면 내치지 말라."

146 『니코마코스 윤리학』 1157a32 "일차적이며 핵심적인 의미에서 친애는 좋은 사람들이 좋은 사람인 한 그들 사이에 성립하는 그것이다. …… 좋은 사람들은 그들이 좋은 사람인 한에서 그들 자신을 이유로 친구가 될 것이다."

들은 갖지 못하지. 모두는 각자 자신을 사랑하는데, 그것은 자기 사랑의 어떤 대가를 받기 위해서가 아니라 그 자체로 각자가 자신에게 소중하기 때문이네. 똑같은 것을 우정에도 적용할 때만 우리는 참된 우정을 찾게 될 것이네. 친구는 말하자면 또 다른 나이기 때문이지.[147] **81** 이는 길짐승이나 날짐승이나, 물에 사는 것들이나 뭍에 사는 것들이나, 집에서 기르는 것들이나 들에 사는 것들이나 짐승들에게도 나타나는 것으로, 우선 짐승들은 자기 자신을 사랑하네.[148] 이는 모든 동물이 똑같이 태어나면서 가지는 것이지. 다음으로 짐승들은 결합을 위해 동일종의 짐승들을 찾고 추구하는데, 인간의 사랑과 유사한 그리움에 따라 그리하지. 하지만 이는 본성적으로 인간에게서 얼마나 더 크게 작동하는가! 인간은 자기 자신을 사랑하며 타인을 갈구하여, 둘이 거의 하나가 될 정도로[149] 타인의 영혼과 자신의 영혼을 혼화시키네.

---

147 『니코마코스 윤리학』 1165b31, 1190b7. 디오게네스 라에르티오스, 『유명한 철학자들의 생애와 사상』 VII 23 "친구란 무엇인가라는 질문을 받고 그는 말했다. 또 다른 나."

148 디오게네스 라에르티오스, 『유명한 철학자들의 생애와 사상』 VII 85 "일차적 충동을 그들은 동물이 자신을 보호하기 위해서 갖는 것이라고 말한다. 왜냐하면, 크뤼시포스가 〈궁극목적들에 대하여〉 1권에서 모든 동물에게 일차적 친숙함이란 자신의 신체구조와 그것에 대한 의식이라고 이야기하며 말하고 있듯이, 자연은 원래 동물이 자신에게 친숙함을 느끼도록 하고 있기 때문이다."

149 키케로, 『의무론』 I 17, 56 "*efficitur id quod Pythagoras vult in amicitia, ut unus*

XXII 82 그러나 대부분의 사람들은 — 뻔뻔하다는 말을 쓰는 대신 — 그릇되게도 자신들은 될 수 없는 모습의 친구를 얻고자 하며, 자신들은 해줄 수 없는 것을 친구들에게 요구하네. 하지만 먼저 자기 본인이 선한 사람이고, 그런 다음에 자신과 비슷한 다른 사람을 찾는 것이 마땅한 일이네.[150] 이런 사람들에게서, 진작부터 내가 다루고 있는 우정의 확고함이 굳건해질 수 있지. 서로 호의로 결합하여, 먼저 다른 사람들이 굴복하는 쾌락을 통제하고,[151] 이어 형평과 정의를 즐기며, 서로를 위해 무엇이든 감내하되, 서로에게 오직 훌륭하고 옳은 것만을 요청한다면 말일세. 서로를 보살피고 연모할 뿐만 아니라, 행동을 삼가야 할 것이네. 겸양을 우정에서 들어낸 사람은 우정의 최고 장식을 들어낸 것이지.[152] **83** 따라서 우정에는 모든 욕정과 범죄의 자유가 열려 있다고 생각하는 자들은 위험한 착각에 빠진 것이네. 자연은 우정을 악덕의 동반자가 아니라 덕의 조력자로 주었고, 덕은 홀로 최

---

fiat ex pluribus 피타고라스가 우정에서 바랐던바 여럿이 하나가 되는 일, 그것이 이루어졌다." 호라티우스, 『카르페 디엠』 I 3, 8행 "내 영혼의 반쪽"을 보라.

150 플라톤, 『뤼시스』 214d "훌륭한 자만이 오직 훌륭한 자에게만 친구인 반면, 나쁜 자는 훌륭한 자와도 나쁜 자와도 도대체 참된 사람으로 들어가지 못한다는 거지."

151 크세노폰, 『소크라테스 회상』 II 6, 1를 보라(부록 참조).

152 키케로, 『의무론』 I 27, 93 *"verecundia et quasi quidam ornatus vitae."*

고의 것들에[153] 이를 수 없기에 다른 덕과 협력하여 공동으로 거기에 이르도록 하였네. 이런 연대를 가졌고 가질 것이며 가지고 있는 사람들은 자연의 최고선에 이르는 가장 훌륭하고 가장 행복한 동행을 가진 것이네. **84** 나는 주장하겠는데, 이런 연대에는 인간들이 욕망할 만한 모든 것, 훌륭함, 영광, 평정심, 즐거움이 들어 있으니, 이것들이 있을 때 행복한 삶이 있고, 이것들이 없으면 행복한 삶이 있을 수 없네. 행복한 삶이 지고지선의 목표라고 할 때, 이를 얻고자 한다면 우리는 덕을 위해 노력해야 하지. 덕이 없으면 우정이나 다른 욕망할 만한 것을 얻을 수 없네. 덕을 소홀히 하면서도 자기가 친구를 가지고 있다고 생각하는 사람들은, 어떤 커다란 불운 때문에 친구들을 시험할 수밖에 없게 되었을 때, 마침내 착각하고 있었음을 깨닫게 된다네. **85** 그 때문에 좀 더 자주 언급되어야 하는데, 판단하고 나서 연모해야지, 연모하고 나서 판단하는 것이 아니네.[154] 우리는 많은 일에서 부주의 때문에 벌을 받는데, 친구를 고르고 사귀는 데서 특히 그러하네. 우리는 뒤늦게 생각해 버릇하며, 옛 법언이 금하는바, 판

---

153 키케로, 『아르키아스 변호 연설』 VI 14 "삶에서 칭찬과 명예보다 더 추구해
    야 할 만한 가치는 없다."
154 세네카에 따르면 테오프라스토스가 했던 말로 보인다. Seneca, *Epistulae
    morales* 3, 2 "*contra praecepta Theophrasti, cum amaverunt iudicant, et non
    amant cum iudicaverunt.*"

결 난 건을 판결하려고 한다네. 우리는 오랜 교제나 헌신도 주고 받으며 서로 얽히고 나서, 어떤 충돌이 생기게 되면 갑작스럽게 중도에 우정을 깨게 된다네.

XXIII 86 더없이 필연적인 일을 두고 저지르는 커다란 부주의 일수록 더욱더 크게 비난받아야 하는 법인데, 우정은 인간사 가운데 모든 사람이 그 유익에 동의하는 유일한 것이네. 덕 자체를 무시하고 일종의 과시나 허세라고 말하는 사람들이 많다네. 부를 경멸하며 적은 것에 만족하여 가난한 삶과 생활에 기뻐하는 사람들도 많지. 몇몇은 관직을 얻으려는 욕심으로 불타오르지만, 관직을 무시하며 무엇보다 헛되고 가벼운 것이라고 생각하는 사람들이 얼마나 많은가! 마찬가지로 어떤 사람들은 경탄할 만하다고 생각하는 여타의 것들을 아무것도 아니라고 생각하는 사람들도 매우 많다네. 하지만 우정을 두고는 모두가 예외 없이 똑같은 생각을 가진다네. 국사(國事)에 헌신한 사람들도, 사물의 탐구와 학문을 즐기는 사람들도, 공적 업무를 벗어나 개인 사업에 바쁜 사람들도, 마지막으로 쾌락에 전적으로 몸을 내맡긴 사람들도,[155] 모두가 어느 정도 자유인다운 삶을 누리고자 할 때 삶에 우정이 없을 수 없다고 생각하네. **87** 우정은 어떻게든 모든

---

155 『니코마코스 윤리학』 1095b18 이하 "가장 두드러진 유형은 세 가지인데, 향락적인 삶, 정치적인 삶, 관조적인 삶이다."

이의 삶에 어느새 파고들어 우정 없는 삶을 사는 것을 절대로 허용하지 않는다네.

심지어 본성적으로 냉담하고 쌀쌀맞아 사람들과의 만남을 기피하고 도망치는 사람이더라도, 아테나이의 티몬이라는 사람이 그런 사람이었다고 나는 전해 들었는데,[156] 그런 사람도 그가 신랄한 독설을 토할 때 이를 들어줄 사람을 가지지 않고서는 배길 수 없을 것이네. 이를 더없이 잘 이해하려면, 어떤 신이 우리를 이 인간 군상들로부터 빼내어 어디 고적한 곳으로 데려다 놓고, 그곳에 본성이 갈망하는 모든 것을 풍족하게 넘치도록 공급하고 다만 전적으로 사람을 만나볼 기회를 박탈하는 일이 있다고 해보는 것이네. 이런 삶을 견딜 수 있는 철인(鐵人)이 있겠는가?[157] 고독은 모든 쾌락의 결실을 앗아가지 않겠는가? **88** 따라서 내 생각에 우리네 어른들이 선대의 어르신들로부터 들었다고 종종 말씀하시던바, 타렌툼의 아르퀴타스가 했다는 말은 참말이네.[158]

156　키케로, 『투스쿨룸 대화』 IV 11, 25 이하 "이 예를 '미산트로포스 μισάνθρωπος'라고 불린 티몬에게서 찾을 수 있습니다." 티몬은 아테나이 사람으로 펠로폰네소스 전쟁 당시에 살았던 인물이다. 아리스토파네스, 『뤼시스트라테』 805행 이하에서 언급된 티몬은 사악한 남자들을 평생 증오했지만, 여자들은 좋아했다고 한다.

157　아리스토텔레스, 『정치학』 1253a3 이하 "인간은 본성적으로 폴리스를 형성하며 살아가기에 적합한 동물이라는 것이다. 운 때문이 아니라 본성 때문에 폴리스 없이 사는 사람은 조금 모자라는 사람이거나 인간 이상의 사람이다."

158　아르퀴타스는 타렌툼 사람으로 피타고라스 학파의 학자로 이름이 높았다

누군가 하늘에 올라간다면, 그는 우주의 본성과 천문의 아름다움을 바라볼 터인데, 이를 함께 이야기할 사람이 없다면 더없이 즐거운 이 놀라운 광경도 그에게는 유쾌하지 않을 것이라고 말하였다네. 이와 같이 인간 본성은 고독을 사랑하지 않으며, 마치 버팀목인 듯 항상 뭔가에 기대기 마련인데, 그것이 더없이 사랑스러운 친구라면 이는 더없이 감미로운 것이네.

XXIV 그런데 또한 인간 본성은 그것이 원하고 찾고 갈구하는 것을 수많은 징표들로 드러내지만, 그럼에도 어떻게 된 건지 우리는 귀를 닫고 인간 본성이 경고하는 바를 듣지 않는다네. 우정의 교제는 다양하고 다층적이기 때문에 의심과 충돌의 많은 이유들이 생기지. 현자라면 이것들을 때로 피하고, 때로 경감시키고, 때로 참아내야 하네. 우정을 나누는 가운데 유익과 신의가 유지되기 위해서 충돌은 경감되어야 할 하나지. 친구들은 종종 충고도 해야 하고 질책도 해야 하며, 이때 호의에 따른 것들은 즐겁게 받아들여야 하네. **89** 그런데 어떻게 된 건지 나의 지인[159]이 그의 〈안드로스의 여인〉에서 한 말이 세상의 진리가 되었네.

고 한다. 『최고선악론』 V 29, 87에 따르면 플라톤은 남부 이탈리아를 방문하였을 때 그를 만났다고 전한다.
159 푸블리우스 테렌티우스 아페르는 기원전 190년경 아프리카에서 태어났으며, 원로원 의원 테렌티우스 루카누스의 노예가 되어 로마에 왔다. 얼마 후에 자유를 얻어 해방되었으며, 스키피오와 라일리우스와 교류하였다.

"순종은 친구를 낳고, 진실은 증오를 낳는다." 진실에서 우정에 독이 되는 증오가 태어난다면, 진실은 불쾌한 것이겠지. 하지만 순종은 훨씬 더 불쾌한 것인데, 과오들을 눈감아 줌으로써 친구가 나락으로 떨어지게 방치하는 일이라네. 하지만 정작 가장 큰 잘못은 진실을 외면하고 순종에 힘 받아 기망에 빠진 본인에게 있네.[160] 그러므로 이 일에 매우 세심하게 방법을 강구해야 하겠는데, 우선 충고에 가혹함이 없도록, 이어 질책에 모욕함이 없도록 해야 하네. 한편 테렌티우스의 말을 기꺼이 인용하면 "순종"의 상냥함은 살리되, 악덕의 협력자인 아첨은 멀리 치워야 하네. 아첨은 친구는 물론이고 자유민에게 적합한 행동이 절대 아니네. 독재자와 사는 방식이 다르고 친구와 사는 방식이 다르다네. **90** 진실에 귀를 닫아놓고 친구로부터 진실을 들으려 하지 않는 자는 삶의 희망을 버려야 하네. 카토의 말은 많은 사례에서 그러하듯 정곡을 찔렀네. "가혹한 정적들은 달콤하다고 생각한 친구들보다 때로 도움이 되는데, 저들은 간혹 진실을 말하지만, 이들

---

160 키케로, 『의무론』 I 26, 91 이하 "그리하여 아주 일이 순조롭게 풀릴 때일지라도 친구들의 조언을 열심히 경청해야 하며 친구들에게 이전보다 더 많은 권위를 부여해야 한다. 그리고 동시에 아첨꾼들에게 귀를 열거나, 쉽게 빠져들기 마련인 아첨을 용인하지 말아야 함을 명심해야 한다. 우리는 우리 자신이 칭송받아 마땅한 사람이라고 생각하기 때문이다. 그것에서 헤아릴 수 없이 많은 과오가 생겨나며, 사람들은 억견에 부풀어 추한 조롱거리가 되거나 아주 심각한 잘못에 빠진다."

은 결코 말하지 않는다."[161] 그리고 어처구니없는 일인데, 충고를 듣는 이들은 불편해야 할 것에 불편을 느끼지 못하고, 불편하게 여기지 말아야 할 것에 불편을 느낀다네. 자신이 잘못했음은 힘들어 하지 않으면서, 질책은 불편하게 여기지. 그와 정반대로, 과실에 고통스러워하고 질정(叱正)에 기뻐해야 했는데도 말이지.

XXV 91 그러므로 충고를 주고받는 것, 기탄없이 충고하되 호되게 하지 않고, 참을성 있게 충고를 받아들이고 반감을 품지 않는 것이 진정한 우정의 본령인 것처럼, 우정에서 아부와 아양과 아첨보다 큰 해악은 없다네. 이 악덕을 여러 가지 이름으로 부를 수 있겠지만, 분명 모든 것을 상대방이 원하는 대로만 이야기하고 결코 진실을 말하지 않는 경박하고 기만적인 인간들의 악덕이라 하겠네. **92** 모든 경우에 위선은 진실의 판단을 막고 이를 가리기 때문에 악덕에 속하는 것으로, 우정과는 더없이 크게 상충하네. 위선은 우정이라는 이름이 의미가 있으려면 반드시 필요한 진실을 소멸시키기 때문이지. 우정의 힘이 여럿이 마치 하나의 영혼과 같이 되는 것에 있다고 할 때, 만약 각자에게 영혼이 늘 한결같은 하나가 아니고 달라지고 변하고 복잡하다면[162]

---

161 아리스토파네스, 『새』 375행 "하지만 현명한 자들은 적에게서도 많은 것을 배운다오."

162 『니코마코스 윤리학』 1166b14 이하 "못된 자들은 …… 그 어떤 사랑할 만한 것도 가지지 않아서 자신 자신에 대해 친애적인 태도나 감정을 전혀 느

우정은 어떻게 되겠는가? **93** 다른 사람의 생각과 의지에 따라, 나아가 다른 사람의 표정과 눈치에 따라 오락가락하는 영혼만큼 변덕스럽고 온전하지 못한 것이 무엇인가? "누가 아니라 하면 나도 아니오. 그렇다 하면 나도 그렇다. 요약하면 나는 모든 것에 비위를 맞추라고 나 자신에게 명하였다."[163] 이 또한 테렌티우스의 말인데, 극중 배역인 그나토[164]가 하는 대사였네. 이런 종류의 친구를 두는 것은 전적으로 경박한 일이네. **94** 그런데 지위와 재산과 명망이 훨씬 높은 사람들도 흡사 그나토처럼 처신하는 사람들이 여럿이네. 이들의 아첨이 불쾌한 것은 헛된 소리가 영향력을 발휘하기 때문이지.

95 하지만 아양 떠는 친구와 참된 친구를 나누고 구분할 수 있다네. 모든 모조품과 위조품을 명품과 진품과 구분할 때처럼 세

낄 수 없다. 이러한 자들은 자기 자신과 함께 기뻐하거나 고통을 나누지도 않는다. 그들의 영혼은 분열되어 있기 때문이다." 플라톤, 『뤼시스』 214c 이하 "훌륭한 자들은 서로 비슷하고 친구인 데 반해 나쁜 자들은 도대체 서로 비슷하지 않고 심지어 그들 자신이 자신들과 비슷하지도 않으며 오히려 변덕스럽고 불안정하다는 것이네. 그리고 그 자체가 자신과 비슷하지 않고 어긋나 있는 것은 다른 어떤 것과 비슷하거나 친구가 되는 일이 좀처럼 없을 것이네."

163 테렌티우스, 『환관』 252~253행. 『환관』은 기원전 161년에 상연되었던 작품으로 보인다.

164 그나토(Γνάθων)는 테렌티우스가 희랍 희극 시인 메난드로스의 작품 『아첨꾼』에 등장한 인물에서 차용한 것으로, 아첨에 능란하고 남에게 빌붙어 사는 인물로 그려진다.

심함을 기울인다면 말이네. 완전히 경험 없는 자들로 구성된 것이 민회라지만,[165] 그럼에도 대중 집회는 대중 추수주의자, 다시 말해 경박한 아첨쟁이 시민과, 한결같고 엄정하고 진중한 시민이 어떻게 다른지를 곧잘 판단하곤 한다네. **96** 최근 가이우스 파피리우스는[166] 대중 집회에 호민관 재선에 관한 법률을 제안하면서 어떠한 아첨으로 시민들의 귀를 간지럽혔던가! 우리는 이에 반대하였는바, 나는 그만두고 먼저 스키피오를 이야기해보세. 불멸의 신들이여! 그가 보여준 신중함은 얼마나 대단하였으며, 그의 연설에 담긴 위엄은 얼마나 대단하였던가! 그를 로마 인민의 한 사람이 아니라 로마 인민의 지도자로 불러야 할 것이네. 자네들도 그 자리에 있었고 그 연설은 출판되어 널리 읽히고 있네. 그리하여 그 법률안은 대중 추수적인 것이었음에도 대중에 의해 거부되고 말았지. 그리고 나에게로 돌아오자면, 자네들은 기억할 것이네. 스키피오의 형 퀸투스 막시무스와 루키우스

---

165 크세노폰, 『소크라테스 회상』 III 7, 5 이하 "가장 어리석고도 허약한 사람들 속에서 말하기를 부끄러워하고 있네. …… 마전장이, 갖바치, 목공, 대장장이, 농부, 무역상, 장터에서 물물교환하며 작은 것을 팔아 큰 것을 살 궁리를 하는 사람 중에 어느 쪽인가? 이 모든 사람으로 민회가 구성되니 하는 말일세."

166 가이우스 파피리우스 카르보는 기원전 131년 귀족당파를 겨냥하여 호민관이 별다른 제한 없이 재선될 수 있도록 하는 법률을 제안하였다. 법률안은 라일리우스와 스키피오의 반대 연설에 힘입어 통과되지 않았다.

망키누스가 집정관이었을 적에[167] 가이우스 리키니우스 크라수스[168]가 제안한 사제단 법률안이 얼마나 대중 추수적으로 보였는지 말이네. 사제단 호선제를 인민 추천 방식으로 바꾸어놓으려 하였지.[169] 그리고 그는 처음으로 로마광장을 바라보면서 민회를 개최한 사람이기도 하네.[170] 하지만 인기를 매수하려는 그의 연설에 맞서 우리는 변론 연설을 펼쳤고, 불멸의 신들에 대한 경건함이 쉽게 승리를 거두었네. 그것은 내가 법무관을 역임하던 때로 집정관이 되기 5년 전이었네. 그러니까 그것은 최고 정무관의 힘이 아닌 사태의 진실이 거둔 승리였네. **XXVI 97** 거짓과 조작이 판을 치는 무대, 다시 말해 민회에서도[171] 이처럼 진실이 명백

---

167 루키우스 호스틸리우스 망키누스는 퀸투스 파비우스 막시무스 아이밀리아누스와 함께 기원전 145년에 집정관을 역임하였다. 그는 제3차 카르타고 전쟁 당시에 로마해군의 함대를 지휘하였으며, 정복된 카르타고에 제일 먼저 입성하는 명예를 누렸다.

168 이때 가이우스 리키니우스 크라수스는 호민관이었다.

169 사제단에 결원이 생기면 보통은 사제단 구성원들의 협의를 통해 보결이 이루어졌다.

170 리키니우스 크라수스 이전에 연설가들은 호스틸리우스 의사당 바로 옆에 위치한 국민 회의장(Comitium)의 연단(Rostra)에 올라 의사당 쪽을 바라보면서 연설하였다. 그러나 공간이 부족해지자 나중에는 로마광장에서 연설이 행해졌다. 바로의 기록에 따르면 크라수스가 로마광장에서 민회를 개최한 첫 번째 사람이다. 카이사르는 새로운 연단을 로마광장에 건설하도록 하였다.

171 키케로, 『연설가론』 II 83, 338 "연설가에게 민회는 더없이 큰 무대로 생각되기 때문에, 우리는 본성적으로 조금 더 장식적인 연설에 이끌리기 마련

히 드러나고 밝혀지기만 하면 진실이 승리를 거두는 것처럼, 진실에 전적으로 좌우되는 우정에서는 어떻게 해야 하겠는가? 우정에서는 흔히 말하듯이 속을 열어 보여주지도 않고 속을 훤히 보지도 못하면 신뢰가 생기지 않고, 사랑받고 사랑한다는 확신을 가지지 못하는데, 마음이 얼마나 진실한지를 알 수 없기 때문이네.

그런데 아첨이 물론 해를 끼치는 위험한 것이라지만, 아첨을 받아들이지 않고 아첨에 즐거워하지 않는다면 누구에게도 해를 끼칠 수 없네. 따라서 그런 일은 아첨꾼들에게 귀를 있는 대로 활짝 열고 아첨을 받으며 아첨에 즐거워하는 이들에게나 생긴다네. **98** 덕은 전적으로 자신을 사랑하는데, 자신이 얼마나 사랑받을 만한지를 스스로 아주 잘 알고 있기 때문이지. 그런데 나는 지금 덕이 아니라, 덕이라는 평판에 관해 말하고 있네. 그러니까 많은 사람이 덕 자체를 갖추기보다는 덕을 갖춘 것처럼 보이길 원한다는 것이네. 이들은 아첨에 즐거워하는데, 자신들이 바라는 대로 꾸며진 이야기가 이들에게 들려오면, 이런 거짓된 말을 자신들의 공적에 대한 증언이라고 생각해버린다네. 따라서 이것은 결코 우정이 아니네. 한쪽은 진실을 들으려 하지 않고, 다른

이다." 호라티우스, *Sermones* II 1, 71 "스키피오 집안의 덕과 부드러운 라일리우스의 지혜가 대중과 무대로부터 물러나 사적인 곳에 머물 때."

한쪽은 거짓말을 할 준비가 되어 있으니 말이네. 희극에 등장하는 얻어먹는 식객들의 아첨은 우쭐대는 병사들이라면 모를까 우리에겐 전혀 재미있다는 생각이 들지 않네. "타이스가 내게 크게 감사한단 말이지?" '네, 크게요'라고 대답하는 것으로 충분했을 텐데, "어마어마하게요"라고 대답하지.[172] 아첨꾼은 항상 그가 비위를 맞추어야 할 사람이 대단하다고 생각하는 것을 부풀려 말하곤 한다네. **99** 따라서 그런 아양 떠는 헛소리는 그것을 부추기고 환영하는 사람들에게서나 통하겠지만, 좀 더 신중하고 한결같은 사람들에게도 역시 교활한 아첨에 넘어가지 않게끔 단단히 신경 써야 한다고 충고해야 하네. 노골적으로 아부하는 자는 정신 나간 사람이 아니라면 알아보겠지만, 교활하고 은근하게 아첨하는 자가 은밀히 접근하는 것은 열심히 살펴야 하네. 이런 자를 쉽게 알아보지 못하는 것은, 때로 심지어 반발하는 모습으로 아첨하기 때문이지. 마치 논쟁을 펼치려는 듯 유인하고 마지막에는 손을 들어 자신의 패배를 인정하는데, 이는 놀림거리가 된 자가 통찰력이 더 깊었다고 믿게 만들기 위한 것이라네. 그런데 놀림거리가 되는 것보다 더 추한 일은 무엇인가? 이런 일이 생기지 않도록 더욱더 살펴야 할 것이네. "오늘, 나를 희극에 나오는

---

172   테렌티우스, 『환관』 391~392행. 우쭐대는 병사 트라소가 그의 식객 그나토에게 묻는 말이다. 트라소는 그가 사랑하는 여인 타이스에게 선물을 보냈고, 그 여인이 선물을 어떻게 받았는지를 그나토에게 묻는다.

모든 어리석은 노인네들보다 심하게 이리저리 끌고 다니더니 더 없이 깔끔하게 나를 놀려먹는구나."[173] **100** 이 인물은 연극에 등장하는 가운데서도 가장 어리석은 인물, 조심성 없이 덮어놓고 믿어버리는 노인네들 가운데 한 명이라네.

그런데 나도 모르게 어쩌다 보니, 완벽한 사람들, 즉 인간이 얻을 수 있는 지혜를 말하는 한에서 지혜로운 사람들의 우정으로부터 평범한 사람들의 우정으로 연설이 흘러가 버렸네. 따라서 처음 다루던 것으로 돌아가도록 하세. 그리고 이를 이제 곧 마무리하도록 하세.

XXVII 덕이, 내 말하노니 덕이, 가이우스 판니우스와 자네 퀸투스 무키우스여, 우정을 맺어주며 우정을 지켜준다네. 덕에 완벽한 한마음이,[174] 덕에 확고함이, 덕에 한결같음이 있다네. 그런 덕이 몸을 일으켜 빛을 뿜어낼 때에, 그리고 반대로 상대방에

---

173 가이우스 카이킬리우스 스타티우스의 단편. 카이킬리우스는 기원전 168년에 죽은 로마의 희극작가다.

174 앞서 15 이하 "의지와 열정과 생각의 완벽한 공감"을 보라. 『니코마코스 윤리학』 1167a34 이하 "마음의 일치를 이룬다는 것은 각자가 무엇이든 동일한 것을 사유한다는 것이 아니라, 동일한 것을 동일한 사람과 관련하여 사유한다는 것이다. …… 이러한 마음의 일치 *homonoia*는 훌륭한 사람들 사이에 존재한다. 이들은 말하자면 언제나 동일한 지반 위에 머무르기에 자기 자신과 마음의 일치를 이룰 뿐만 아니라 서로서로 마음의 일치를 이루기 때문이다. 이들이 바라는 것들은 지속적이며, 에우리포스 해협의 물살처럼 방향을 틀지 않는다."

게서 똑같은 빛을 보고 알아볼 때에, 덕은 그 빛에게로 다가가며 상대방이 가진 빛을 받아들인다네. 이로부터 사랑 혹은 우정이 불타오르네. 두 단어는 모두 '사랑하다'라는 말에서 유래한 것이지. 그런데 '사랑하다'는 다른 무엇이 아니라 바로, 어떤 필요도 따지지 않고 어떤 유익도 따지지 않고,[175] 사랑하는 사람 자체만을 연모하는 것이네. 그런데 이때 자네가 이득을 쫓지 않더라도 이득은 우정에서 흘러넘치게 된다네. **101** 이런 호의 때문에 젊어서 우리는 루키우스 파울루스,[176] 마르쿠스 카토,[177] 가이우스 갈루스,[178] 푸블리우스 나시카,[179] 우리 스키피오의 장인 되는 티베리우스 그락쿠스[180] 등 어르신들을 연모하였지. 이런 호의는 동년배들 사이에 더욱 두드러졌는데, 예를 들어 나를 비롯하여 스키피오, 루키우스 푸리우스,[181] 푸블리우스 루필루스, 스푸리우스 뭄미우스 사이에서 그러하였지. 하지만 이제 반대로 우리

---

175 각주 69를 보라.
176 루키우스 아이밀리우스 파울루스 마케도니쿠스.
177 마르쿠스 포르키우스 카토 호구감찰관.
178 가이우스 술피키우스 갈루스.
179 푸블리우스 코르넬리우스 나시카 코르쿨룸(기원전 162년과 155년 집정관)으로 보인다.
180 티베리우스 셈프로니우스 그락쿠스는 호민관 티베리우스 그락쿠스의 아버지로 기원전 177년과 163년에 집정관을 역임하였고, 169년에 호구감찰관을 역임하였다. 그는 노(老)스키피오의 딸과 결혼하였다.
181 루키우스 푸리우스 필루스.

가 노인이 되어, 예를 들어 자네들이나 퀸투스 투베로[182] 등 젊은 이들의 애정 가운데 안거하고 있다네.[183] 그런데 또한 아주 더 나이 어린 젊은이들, 그러니까 푸블리우스 루틸리우스,[184] 아울루스 베르기니우스[185]와도 친교를 나누며 즐겁게 지내고 있네. 한 세대가 가고 다른 한 세대가 태어나는 것이 우리네 인생과 자연의 이치이므로,[186] 가장 크게 바라는 바는 말하자면 같은 출발선에서 함께 출발하였던 동년배들과 함께 결승점에 도착할 수 있으면 하는 것이라네. **102** 하지만 세상일이란 스러지기 마련이고 기약할 수 없는 것이기 때문에 우리는 우리가 연모하고 우리를

---

182 퀸투스 아일리우스 투베로.

183 앞서 22를 보라. "친구와의 상호 호의 가운데 안거하는 삶."

184 푸블리우스 루틸리우스 루푸스는 기원전 105년에 푸블리우스 무키우스 스카이볼라와 함께 집정관을 역임하였다. 스토아 학파에 경도되었으며 파나이티오스의 제자다. 아시아 속주의 징세업자들이 자행하던 약탈적 징세를 엄단하는 정책을 펼친 것 때문에 이에 대한 보복으로 기원전 94년 수탈 재산 반환법에 따라 기소되었다. 그는 스스로 망명하여 스뮈르나에서 사망하였다.

185 아울루스 베르기니우스는 퀸투스 무키우스 스카이볼라 대제관의 제자였고 법률 전문가였다.

186 『일리아스』 제6권 146행 이하 "인간들의 가문이란 나뭇잎의 그것과 같은 것이오. 잎들도 어떤 것은 바람에 날려 땅 위에 흩어지나 봄이 와서 숲 속에 새싹이 돋아나면 또 다른 잎들이 자라나듯, 인간들의 가문도 그와 같아서 어떤 것은 자라나고 어떤 것은 시드는 법이오." 호라티우스, 『시학』 63행 이하 "우리도 우리가 한 일도 세상을 떠납니다. 사람의 일은 소멸하기 마련이고, 생동하던 말의 영광도 우아함도 영원하진 못합니다. 이미 죽었던 많은 말이 다시 살아나는가 하면 지금 영광을 누리던 말도 사라져 갑니다."

연모할 누군가를 계속 찾을 수밖에 없다네. 애정과 호의를 나눌 수 없게 되면 인생에서 즐거움도 사라져버리기 때문이네.

창졸지간에 스키피오를 빼앗겨버렸지만 실로 내가 보기에 그는 늘 살아 있고 늘 살아 있을 것이네. 왜냐하면, 나는 그의 덕을 사랑했는데, 덕은 소멸하지 않는 것으로, 늘 가까이서 보았던 나의 눈에만 그의 덕이 보이는 것이 아니라 후세들에게도 보이고 빛날 것이기 때문이지. 그의 기억과 초상을 바라보아야 한다고 생각하지 않은 사람은 누구도 용기와 희망으로 웅대한 일을 해내지 못할 것이네. **103** 참으로 행운이나 자연이 나에게 부여한 모든 것 가운데 스키피오와의 우정과 견줄 만한 것을 나는 갖지 못했다네. 그와의 우정 가운데 국사(國事)의 의견일치를, 그와의 우정 가운데 사적인 일들의 조언을, 그와의 우정 가운데 즐거움 가득한 휴식을 나는 누렸다네. 내가 기억하는 한 그는 결코 한 번도, 어떤 사소한 일로도 나와 충돌하지 않았고, 그로부터 나는 듣지 말았어야 한다고 생각할 어떤 말도 듣지 못하였네. 한 집에서 살았고, 한 밥상을 받아 함께 나누었고, 군복무에서나 타지 여행[187]에서나 지방 방문[188]에서나 함께하였다네. **104** 항상 사

---

187 키케로, 『아카데미아 학파』 II 2, 5 "푸블리우스 아프리카누스가 감찰관이 되기 전에 수행했던 저 유명한 사절 임무에서 동행인은 오직 파나이티오스 뿐이었다."

188 키케로, 『연설가론』 II 5, 22 "나는 종종 나의 장인어른으로부터 들었는데,

람들의 눈을 피해 멀리 조용한 곳에서 여가 시간 내내 무언가를 탐구하고 공부하는 데 열정을 쏟던 일들은 이야기해서 무엇 하겠는가?[189] 그런 일들의 추억과 기억이 만약 그와 함께 사라져버렸다면, 더없이 친밀하였던, 더없이 사랑하였던 사람에 대한 그리움을 나는 결코 견딜 수 없을 것이네. 하지만 그것들은 사라져버리지 않았고, 나의 회상과 생각을 통해 오히려 더욱 커지고 자라나고 있다네. 설사 내가 그것들을 완전히 잃어버렸더라도, 내 나이는 나에게 큰 위안이 되네. 그리움을 그리 오래 겪지 않을 수 있을 테니까. 아무리 크다한들 짧게 지나간다면 무엇이든 견딜 만할 것이니 말일세.

우정을 두고 내가 말할 만한 것은 이 정도였네. 내가 자네들에게 권고하는 것은 요컨대, 우정에 없어서는 안 될 것으로 덕을 높이되, 덕을 제외하면 우정보다 탁월한 것은 없다고들 생각하시게나. 〈끝〉

장인의 장인 되는 라일리우스가 늘상 스키피오와 함께 시골에 머물곤 하였으며, 그들은 마치 감옥 같은 도시에서 벗어나 시골로 달아났을 때 놀랍게도 다시 소년이 되었다고 하네."

189 키케로, 『투스쿨룸 대화』 IV 3, 5 "그러나 지혜의 학문은 우리나라에서 오래된 것이지만, 그럼에도 라일리우스와 스키피오 시대 이전에는 과연 누구를 철학자로 언급할 수 있을지 나는 찾지 못했다."

크세노폰의 『소크라테스 회상』 II, 4~6

IV 1 언젠가 나는 소크라테스가 친구를 주제로 대화하는 것을 들었다. 이 대화가 친구를 얻는 것과 친구와 잘 지내는 것에 대해 아주 특별한 유익을 사람들에게 줄 수 있으리라 생각하였다.

소크라테스는 말했다. "믿을 만하고 좋은 친구가 어떤 재산들보다 강력한 것[1]이라는 소리를 많은 사람으로부터 들었는데, 하지만 대부분은 다른 많은 것은 걱정하면서 친구를 얻는 일은 돌보지 않는 것을 나는 목격한다.[2] **2** 내가 보면, 사람들은 집을, 토지를, 노예를, 가축을, 살림살이를 장만하는 데 온갖 신경을 쓰

---

1 『라일리우스 우정론』 55 이하를 보라.
2 『라일리우스 우정론』 62 이하를 보라.

고, 나아가 이를 보존하기 위해 노력하는데, 하지만 사람들이 가장 좋은 것이라고 말하는 친구를 얻는 데도 대부분의 사람들은 보면 관심이 없으며, 이미 있는 친구들의 관계를 유지하는 데도 관심이 없다. **3** 그러니까 보면 친구들과 노예들이 동시에 몸져누웠을 때, 많은 사람이 노예들에게는 의사며 여타 건강에 좋은 것들을 열심히 조달하지만, 친구들은 소홀히 한다. 친구들과 노예들이 죽었을 때, 가솔들의 죽음은 슬퍼하고 손실이라고 생각하지만, 친구들의 죽음은 손실이라고 생각하지 않는다. 다른 재산들은 소홀히 하거나 내버려두지 않는 데 반해, 친구들은 돌보아야 하는데도 돌보지 않는다. **4** 대부분의 사람들은 보면 나머지 재산들은 비록 수량이 매우 많은데도 그 수를 알고 있는 데 반해, 친구들은 얼마 되지 않는데도 그 수를 알지 못할 뿐만 아니라, 친구의 수를 묻는 이들에게 하나씩 친구들을 열거하길 시도하면서 친구로 넣었다가는 다시 빼버리기도 한다.[3] 그렇게밖에 친구를 생각하지 않는다. **5** 하지만 나머지 재산들과 비교할 때 좋은 친구가 훨씬 더 강력한 것으로 생각되지 않는가? 어떤 말이 어떤 한 쌍의 소가 쓸모 있는 친구만큼 쓸모가 있단 말인가? 어떤 노예가 그만큼 헌신적이고 충실하단 말인가? 어떤 다른 재산이 그처럼 어떤 일에서든 도움이 된단 말인가? **6** 좋은 친구는 친

---

3 『라일리우스 우정론』 62 이하를 보라.

구에게 모자란 것이 있으면, 사적인 살림살이가 되었든 공적인 사안이든, 무엇이든 나서기 때문이다. 어떤 사람에게 선행을 베풀어야 할 때 친구는 손을 보탤 뿐만 아니라 어떤 두려움에 떨고 있을 때 비용을 공동 부담하며 함께 행동하고, 함께 설득하며 함께 힘을 사용하고, 일이 잘 풀리면 매우 기뻐하고, 일이 잘 안 풀리더라도 최선을 다해 다시 일으켜 세워준다.[4] **7** 각자의 손이 각자를 돕고, 각자의 눈이 보고, 각자의 귀가 듣고, 각자의 발이 어딘가에 도달한다고 할 때 친구는 이것들 가운데 어떤 것에서도 뒤지지 않는다. 어떤 사람이 자신을 위해서는 해내지도 보지도 듣지도 도달하지도 못할 일들을 흔히 친구는 친구를 위해 성취한다.[5] 그럼에도 과실을 얻고자 하여 나무를 돌보는 사람은 있지만, 가장 결실이 큰 재산이라고 불리는 친구를 돌보는 사람은 거의 없다.[6]"

V 1 언젠가 나는 또 소크라테스의 대화를 들었는데, 한 청자로 하여금 자신이 친구들에게 얼마만 한 가치가 있는 사람인지를 검토해 보자고 설득하는 대화로 보였다. 그는 제자들 가운데 한 사람이 친구가 가난으로 곤란을 겪는데도 이를 돌보지 않는 것을 알고서, 돌보지 않는 장본인과 다른 많은 사람들이 보는 가

---

4 『라일리우스 우정론』 24 이하를 보라.
5 『라일리우스 우정론』 57 이하를 보라.
6 『라일리우스 우정론』 62 이하를 보라.

운데 안티스테네스에게 물었다.

소크라테스는 말했다. **2** "안티스테네스여, 친구들은 어떤 가치를 가지는가? 노예들처럼 말이지. 어떤 노예는 2므나의 가치를 가지고, 어떤 노예는 반 므나의 가치도 없고, 어떤 노예는 5므나, 어떤 노예는 심지어 10므나의 가치가 있다. 니케라토스의 아들 니키아스는 은광의 관리인을 심지어 1탈란톤에 구매하였다. 그래서 나는 친구들도 노예들처럼 어떤 가치를 가지는지 알고자 한다."

3 안티스테네스는 말했다. "제우스께 맹세코, 있습니다. 저는 어떤 사람을 친구로 두는 데 2므나 이상을 쓸 겁니다. 어떤 사람은 반 므나도 아까운 사람일 겁니다. 어떤 사람은 저에게 10므나 이상의 가치가 있고, 어떤 사람은 그를 친구로 삼는다면 어떤 노고도, 전 재산도 아깝지 않은 사람이 있습니다."

4 소크라테스는 말했다. "이러한 일이 있다면, 그러니까 어떤 사람이 자기 자신을 시험하여 자신이 친구들에게 얼마만 한 가치를 가지는지를 확인한다면, 그리고 친구들이 자기를 버리지 않도록 최대한 값어치가 있는 사람이 되려고 시도한다면 이는 좋은 일이 아닌가? 나는 종종 듣는데, 어떤 사람은 친구가 자신을 배반하였다고 하고, 어떤 사람은 자신이 친구로 여기던 사람이 그가 아니라 1므나를 택했다고 한다. **5** 이런 모든 일을 검토하였는바, 어떤 사람이 쓸모없는 노예를 팔아버릴 때처럼 임자

를 만나면 건네주듯이, 쓸모없는 친구를 값어치보다 더 많은 돈을 받게 되면 팔아버릴 유혹에 빠지지 않는가 싶다. 하지만 쓸모 있다면 보건대 노예는 절대 팔리지 않으며, 친구는 배신당하지 않는다."

VI 1 소크라테스는 어떤 사람을 친구로 선택하는 것이 합당한지를 검토하도록 다음과 같이 말하여 좋은 가르침을 주었다고 나는 생각한다.

소크라테스는 말했다. "말해보게, 크리토불로스여, 우리가 좋은 친구를 필요로 한다면, 어떻게 검토해야 하겠는가? 먼저 탐식, 폭음, 색정, 늦잠과 태만에서 멀리 떨어진 사람을 찾아야 하지 않는가? 이런 것들에 지배를 받는 사람들은 스스로를 통제하지 못하고 친구에게 해야 할 것도 하지 못하기 때문이다."[7]

크리토불로스는 말했다. "제우스께 맹세코 그렇게 하지 못할 겁니다."

"이런 것들에 지배당하는 사람은 자네 생각에 배제해야 한다는 것인가?"

2 크리토불로스는 말했다. "전적으로 그렇습니다."

소크라테스는 말했다. "어떤가? 재산이 충분하지 않으면서도 방탕하고, 항상 주변 사람들에게 손을 내밀고, 빌려가지만 갚을

---

7 『라일리우스 우정론』 62 이하를 보라.

능력은 없고, 빌려주지 않는 사람은 미워하는 사람이 있다면 이런 사람은 나쁜 친구라고 생각하지 않는가?"[8]

크리토불로스는 말했다. "전적으로 그렇습니다."

소크라테스는 말했다. "이런 사람도 멀리해야 하지 않는가?"

크리토불로스는 말했다. "멀리해야 합니다."

3 소크라테스는 말했다. "어떤가? 돈벌이 능하고 또 많은 돈을 원하고, 이 때문에 인색하여 돈을 벌면 즐거워하지만 돈을 쓰지는 않으려는 사람은 어떤가?"

크리토불로스는 말했다. "저는 이런 사람이 앞서의 사람보다 더 형편없는 사람이라고 생각합니다."

소크라테스는 말했다. "어떤가? 돈벌이의 욕망 때문에 어디서 자신에게 이문이 생기는 일 말고는 어떤 다른 것에도 시간을 쓰지 않는 사람은 어떤가?"

크리토불로스는 말했다. "제 생각에는 이런 자도 멀리해야 합니다. 그런 자는 사귀는 친구에게 도움이 되지 않을 겁니다."

4 소크라테스는 말했다. "싸우길 좋아하는 사람이라 마침내 친구들에게도 많은 적을 만들어 줄 사람은 어떤가?"[9]

크리토불로스는 말했다. "제우스께 맹세코 멀리해야 합니다."

---

8 『라일리우스 우정론』 63을 보라.
9 『라일리우스 우정론』 65를 보라. "복잡하고 배배 꼬인 성격".

소크라테스는 말했다. "이런 악덕들 가운데 어떤 것도 가지지 않았지만, 대접 받기를 고집하면서 남을 대접해야 한다는 생각은 전혀 없는 사람은 어떤가?"

크리토불로스는 말했다. "이런 자도 아무런 도움이 되지 못할 겁니다. 소크라테스님, 그럼 어떤 사람을 저희는 친구로 삼아야 합니까?"

5 소크라테스는 말했다. "내 생각에는, 이런 사람들과 반대로 육체 쾌락들을 자제하고,[10] 선하고 붙임성 있으며,[11] 자신에게 잘 해준 사람들에게 호의를 베푸는 데는 남에게 지지 않으려 해서, 그와 사귀는 사람들에게 득이 되는 사람을 친구로 사귀어야 하지 않는가?"

6 크리토불로스는 말했다. "그럼 소크라테스님, 사귀기 전에 이런 것들을 어떻게 알아볼 수 있습니까?"

소크라테스는 말했다. "조각가들은 그들이 하는 말을 증거로 사용하지 않고, 앞서 훌륭하게 만들어진 조각상을 보고 그가 앞으로도 훌륭하게 만들 것이라고 믿는다."

7 크리토불로스는 말했다. "그럼 말씀하시는 것이, 친구들에게 앞서 훌륭하게 행동한 사람이 차후에도 선행을 베풀 것임이

---

10 『라일리우스 우정론』 82를 보라.
11 『라일리우스 우정론』 65를 보라.

분명하다는 것입니까?"

소크라테스는 말했다. "말의 경우에도 그렇다. 보면 앞서 말들을 잘 다루었던 사람은 다른 말들도 잘 다룰 줄 안다."

8 크리토불로스는 말했다. "좋습니다. 그럼 친구를 삼기에 적당할 것으로 보이는 사람이 있다면, 어떻게 그를 친구로 삼아야 하겠습니까?"

소크라테스는 말했다. "무엇보다 먼저 신들의 뜻을 살펴야 한다. 신들이 우리에게 그를 친구를 삼아도 좋다 하시는지를 말이다."

크리토불로스는 말했다. "어떻습니까? 우리에게도 마음에 들고, 신들도 반대하지 않는 사람이 있다면, 그를 사냥하기 위해서 어떻게 해야 할지 말씀해주실 수 있습니까?"

9 소크라테스는 말했다. "제우스께 맹세코 토끼를 쫓을 때처럼 빠른 발로 잡는 것이 아니고, 새들을 잡을 때처럼 속임수를 쓰는 것도 아니고, 적들을 잡을 때처럼 무력을 사용하는 것도 아니다. 노예처럼 억지로 묶어서 잡아둘 수 없다. 이런 일을 겪은 사람은 친구가 되기보다 적이 될 테니 말이다."

10 크리토불로스는 말했다. "어떻게 친구가 되는 겁니까?"

소크라테스는 말했다. "사람들이 말하길 어떤 주문이 있다고 한다. 주문을 아는 사람들은 친구 맺기를 원하는 사람에게 주문을 외워 그를 친구로 만든다. 또 사랑의 미약도 있다고 하는데,

사람들은 그들이 원하는 사람들에게 이를 사용하여 사랑을 받게 된다고 한다."

크리토불로스는 말했다. "어디서 그런 것들을 배울 수 있습니까?"

11 소크라테스는 말했다. "세이렌들이 오뒷세우스에게 불렀다는 것을 너는 호메로스에서 읽었다. 그 시작은 이러하다. 이리로 오세요. 칭송이 자자한 오뒷세우스여, 아카이아인들의 위대한 명예여!"

크리토불로스는 말했다. "소크라테스님, 세이렌들이 이 주문을 가지고 다른 사람들에게도 주문을 걸었습니까? 주문에 걸린 사람들은 그녀들로부터 벗어나지 못하였습니까?"

12 소크라테스는 말했다. "아니다. 세이렌들은 오직 자신들의 훌륭함을 자부하는 사람들에게만 주문을 걸었다."

크리토불로스는 말했다. "그러니까 이런 것들을 사용할 때는 이런 것들을 듣고 노래하는 자가 자신을 조롱하고 있다고 생각하지 않을 만한 사람에게 사용하라고 말씀하시는 것입니까? 스스로 자신이 왜소하고 추하고 나약하다고 알고 있는 사람에게 칭찬한답시고 잘생겼다, 장대하다, 강인하다 말한다면, 이렇게 말하는 사람은 미움을 사게 되며 나아가 사람들로부터 멀어지게 되지 않겠습니까? **13** 혹시 또 다른 주문들을 알고 계십니까?"

소크라테스는 말했다. "아니, 없다. 하지만 내가 듣기로 페리

클레스는 많은 주문을 알고 있었다고 한다. 그는 그런 주문을 시민들 앞에서 불렀고 시민들로 하여금 그를 사랑하게 만들었다고 한다."

크리토불로스는 말했다. "테미스토클레스는 어떻게 시민들로 하여금 그를 사랑하게 만들었습니까?"

소크라테스는 말했다. "제우스께 맹세코, 그건 주문은 아니었다. 그는 시민들에게 무언가 좋은 것을 갖다 붙였다."

14 크리토불로스는 말했다. "소크라테스님, 어떤 훌륭한 사람을 친구로 두고 싶으면, 우리 자신이 먼저 훌륭한 사람이 되어 말하고 행동해야 된다고 선생님께서 말씀하시는 것으로 보입니다."[12]

소크라테스는 말했다. "자네는 형편없는 자도 쓸모 있는 친구들을 얻을 수 있다고 생각하는가?"

15 크리토불로스는 말했다. "물론입니다. 저는 보았습니다. 보잘것없는 연설가가 훌륭한 대중 연설가들의 친구가 되고, 군대를 통솔하기에 매우 미흡한 자들이 매우 탁월한 군 통솔자들의 친구가 되는 것을 말입니다."

16 소크라테스는 말했다. "그럼 자네는 우리가 대화를 나누고 있는 주제와 관련하여 쓸모없는 사람들이 쓸모 있는 사람들과

---

12 『라일리우스 우정론』 30을 보라.

친구가 될 수 있다고 생각하는가?"

크리토불로스는 말했다. "제우스께 맹세코, 절대 그렇지 않습니다. 하지만 형편없는 사람이 아름답고 훌륭한 친구를 얻을 수 없다고 할 때, 아름답고 훌륭한 사람은 아름답고 훌륭한 사람과 곧바로 친구가 될 수 있는지가 저의 고민거리입니다."

17 소크라테스는 말했다. "크리토불로스여, 자네를 괴롭히는 것은, 흔히 아름다운 것을 행하고 추한 것을 멀리하는 사람들이 친구가 되는 대신 서로 반목하며, 무엇에도 적합하지 않은 사람들보다 더 적대적으로 행동하는 것을 보았기 때문이다."

18 크리토불로스는 말했다. "그렇습니다. 단순히 개인들만이 그렇게 행동하는 것이 아니라 국가들도 그러합니다. 아름다운 것을 더없이 크게 염려하고 추한 것을 추호도 허용하지 않는 국가들도 흔히 서로에게 적대적입니다. **19** 이런 것을 생각할 때 저는 친구를 얻으려는 용기가 생기지 않습니다. 형편없는 사람들이 서로 친구가 될 수 있다고 보지 않습니다. 어떻게 감사할 줄 모르고, 냉담하고, 탐욕스럽고, 신의가 없는 자들이 친구가 될 수 있겠습니까? 형편없는 사람들은 서로 전적으로 적대적이고 친구가 될 수 없다고 저는 생각합니다. **20** 또한, 선생님께서 말씀하신 것처럼 쓸모 있는 자들과 형편없는 자들은 하나가 되어 우정에 이를 수 없습니다. 어떻게 형편없는 짓을 행하는 사람들이 그런 일을 싫어하는 사람들과 친구가 될 수 있습니까? 그런데

훌륭함을 연마하는 사람들도 국가에서 높은 자리를 차지하는 일 때문에 질투심에 다른 사람들을 미워하는데,[13] 어떤 사람이 계속 친구로 남겠으며, 어떤 사람들 사이에 선의와 신의가 남아 있겠습니까?"

21 소크라테스는 말했다. "크리토불로스여, 그것은 복잡미묘한 일이다. 본성적으로 인간은 우정의 성향을 부분적으로 가지고 있다.[14] 인간은 서로를 필요로 하며 서로와 공감하며, 협동하여 서로에게 이익을 도모하며, 이를 알고 서로에게 감사할 줄 안다. 다른 한편 적대하는 성향도 있다. 어떤 것을 두고 동시에 아름답고 즐거운 것으로 생각하게 되면 이것을 두고 서로 다투게 된다.[15] 의견이 갈라져도 서로 반목하게 된다. 분쟁과 분노도 전쟁에 속하는 것이다. 더 많이 가지려는 욕망은 적대감을 키우고, 질투는 증오를 키운다.[16] **22** 하지만 이런 모든 것을 뚫고 우정은 아름답고 훌륭한 사람들을 결합시킨다. 그들의 훌륭함 덕분에 그들은 아무런 고민 없이 전쟁을 통해 모두를 소유하기보다 적당량만을 가지길 원한다. 그들은 목마르고 굶주릴 때 힘들이지

---

13 『라일리우스 우정론』 34를 보라.
14 『라일리우스 우정론』 19를 보라. "사실 나는 나의 이런 통찰을 믿는데, 우리는 태어나면서 모두 서로 간에 어떤 연대(連帶)를 맺게 되어 있으며, 서로가 더욱 가까울수록 더욱더 강한 연대가 형성된다는 것이네."
15 『라일리우스 우정론』 34를 보라.
16 『라일리우스 우정론』 71을 보라.

않고 서로 음식과 음료를 나눌 줄 안다. 그들은 젊음의 아름다움에 이끌리더라도 스스로 절제하여 합당하지 않은 것에는 사로잡히지 않는다. **23** 그들은 돈을 합법적으로 소유할 줄 알지만 남보다 더 많이 가지는 것은 멀리하고 서로에게 부조할 줄도 안다. 그들은 분쟁을 해가 되지 않고 서로 이익이 되도록 조정할 줄 알고 분노를 후회할 지경에 이르지 않도록 억제할 줄 안다. 그들은 서로에게 질투를 삼가고, 자신의 재산이 친구들의 재산이기도 하고, 친구들의 재산이 자신의 재산이기도 하다고 생각한다. **24** 따라서 아름답고 훌륭한 사람들은 국가적 사안들도 서로에게 해가 되지 않고 서로 공동의 이익이 되도록 돌본다고 생각함이 합당하지 않은가? 재산을 긁어모으고 동료 시민들에게 힘을 행사하고 방탕한 생활을 하기 위해 국가적 관직과 권력을 추구하는 사람들은 불의하고 형편없으며 타인과 협력할 수 없는 자들이다. **25** 어떤 사람이 스스로 불의를 당하지 않고 친구들을 도와 정의를 실현할 수 있기 위해 국가 관직을 얻기를 원한다면, 그가 권력을 얻고 조국을 훌륭하게 만들려고 시도한다면, 어찌 이런 사람이 그와 닮은 사람과 협력하지 못하겠는가? 훌륭하고 아름다운 사람들과 협력해서 오히려 친구를 도울 수 없게 되겠는가? 혹은 훌륭하고 아름다운 사람들을 협력자로 얻어서 오히려 도시를 이롭게 할 수 없게 되겠는가? **26** 체육 경기에서 분명한 사실인바, 월등한 사람들이 서로 약속을 맺어 열등한 사람들에게 대항하는 것이 허용된다면, 월등한 사람들이 모든 경기에서 승리할 것이고 모든 상금을 쓸어갈 것이다. 사람들은 이를 물론 허용하지 않는다. 하지만 아름답고 훌륭한 사람들이 힘을 발휘하는 정치에서는 함께하려는 사람들과 협력하는 것을 누구도 금지하지 않는다. 따라서 그들이 가장 훌륭한 사람들을 친구로 얻어 국가를 통치하되, 이들을 경쟁자가 아니라 협력자와 참여자로 삼는 것이 이익이 되지 않겠는가? **27** 한편 이것도 분명한 사실인바, 전쟁을 할 때에 동맹자들이 필요하고, 만약 아름답고 훌륭한 사람들과 대적하는 것이라면 더 많은 동맹이 필요하다. 그리고 동맹자가 되려는 자들을 잘 대접해야 하는데, 동맹자들의 열의를 이끌어내고자 한다면 말이다. 수가 많은 열등한 동맹자들보다 소수의 월등한 동맹자들을 월등히 더 잘 대접하는 것이 좋다. 열등한 자들은 월등한 자들보다 월등히 많은 것을 요구한다. **28** 용기를 가지게, 크리토불로스여, 그리고 훌륭한 사람이 되도록 노력하게. 자네가 그렇게 되면, 이제 아름답고 훌륭한 친구들의 사냥에 나서게. 어쩌면 나도 아름답고 훌륭한 사람들의 사냥에 나서는 자네를 도울 수 있다. 나는 사랑에 일가견이 있기 때문이다. 내가 누군가를 갈망하게 되면, 나는 사랑하고 사랑받는데, 염원하고 염원 받는 데, 관계를 갈망하고 갈망 받는 데 무섭게 진력한다. **29** 보건대 자네가 어떤 사람과의 우정을 원할 때, 자네도 이런 것이 필요하겠다. 그러니 자네가 어떤 사람과 친구를 맺고자 하는지 나에게 숨기지 마라. 나는 내가 좋아하는 사람이 나를 좋아하도록 만드는 데 진력해왔기 때문에 사람들을 사냥하는 데도 경험이 없지 않기 때문이다."

30 크리토불로스는 말했다. "물론입니다. 소크라테스님, 저는 이런 앎을 오래전부터 갈망해왔습니다. 특히나 바로 그러한 앎이 정신적으로 훌륭한 사람들은 물론 육체적으로 아름다운 사람들을 얻으려는 저를 만족시킬 수 있다면 말입니다."

31 소크라테스는 말했다. "크리토불로스여! 하지만 나의 앎은 손을 뻗어서 아름다운 사람들을 머물게 하는 앎이 아니다. 나는 믿거니와 스퀼라에게서 사람들이 도망친 것은 스퀼라가 그들에게 손을 뻗었기 때문이다. 반면, 세이렌들은 손을 뻗지 않고 멀리서 주문을 노래 불렀기 때문에 사람들이 말하는 것처럼 모두가 그 주변에 머물렀고 주문에 홀려 빠져들었던 것이다."

32 크리토불로스는 말했다. "저는 손을 뻗지 않을 것이니, 만약 친구를 얻는 좋은 방법을 알고 계신다면, 저에게 가르쳐 주십시오."

소크라테스는 말했다. "자네 입을 상대의 입에 가까이 대지도 않을 텐가?"

크리토불로스는 말했다. "아무렴요. 누구에게도 입을 입에 가까이 대지 않겠습니다. 아름다운 사람이라면 몰라도요."

소크라테스는 말했다. "크리토불로스여, 자네는 벌써부터 도움이 되지 않을 소리를 한다. 아름다운 사람들은 그런 것을 받아들이지 않을 것이다. 하지만 추한 사람들은 심지어 즐겁게 다가서겠는데, 스스로 영혼이 아름다운 사람으로 불린다고 생각하기 때문이다."

33 크리토불로스는 말했다. "그럼, 아름다운 사람들에게는 가볍게 입을 맞추고, 훌륭한 사람들에게는 찐하게 입을 맞출 테니, 저에게 친구 사냥법을 가르쳐 주십시오."

소크라테스는 말했다. "크리토불로스여, 자네가 어떤 사람과 친구가 되려고 할 때, 내가 그 사람에게로 가서, 자네가 그에게 열광하여 친구 되길 갈망한다 그에게 고하도록 내게 허락하겠는가?"

크리토불로스는 말했다. "얼마든지 고발하시죠. 저는 자기를 칭송하는 사람들을 미워하는 사람을 본 적이 없습니다."

34 소크라테스는 말했다. "만약 내가 추가로, 자네가 그에게 열광하고 있으며 호의를 가지고 있다고 고한다면, 자네는 내가 자네를 비방했다고 생각하겠는가?"

크리토불로스는 말했다. "정반대입니다. 저만 해도 누가 저에게 호의를 가지고 있다고 하면, 그 사람에게 저도 호의를 가지게 됩니다."

35 소크라테스는 말했다. "그럼, 이제 자네와 친구가 되길 원하는 사람들에게 자네에 관해 이야기할 권한이 내게 주어졌다.

더불어 자네가 나에게 자네에 관해 말할 권리를 추가로 허락하여, 자네가 친구들을 돌보며, 훌륭한 친구가 아니고서는 누구와도 어울리지 않으며, 자네 자신의 아름다운 일들만이 아니라 친구들의 아름다운 일에도 못지않게 기뻐하며,[17] 친구들의 훌륭한 일에 자네 자신의 훌륭한 일만큼 즐거워하며, 친구들에게도 그런 일이 생기도록 지칠 줄 모르게 애쓰며, 친구들을 잘 대접하고 적들에게 손해를 입히는 데서 남들을 이기는 것이 훌륭함이라고 생각하는 사람이라고 말할 수 있게 해준다면, 내 생각에 자네는 훌륭한 친구들을 얻는 자네 사냥에 큰 도움이 될 것이라고 생각한다."

36 크리토불로스는 말했다. "저에게 왜 이런 것들을 말씀하십니까? 마치 저에 대해 원하시는 대로 말씀하실 수 없는 것처럼 말입니다."

소크라테스는 말했다. "제우스께 맹세코, 나는 지난날 아스파시아에게 이와 같이 들었다. 아스파시아가 말하길, 훌륭한 중매쟁이는 진실과 더불어 훌륭함을 전함으로써 사람들을 혼인에 이르게 하는 데 능란하며, 거짓말로 칭찬하길 원하지 않는 사람인데, 기만당한 사람들은 서로를 미워하는 동시에 중매쟁이도 미워하게 된다고 말했다. 나도 설득되어 옳다고 생각했는데, 자네를

17 『라일리우스 우정론』 22를 보라.

칭찬하겠지만 진실이 아닌 것을 결코 말할 수 없다고 생각한다."

37 크리토불로스는 말했다. "소크라테스님, 선생님은 제가 친구를 얻는 데 적합한 사람이라면 저를 도와주실 그런 친구가 되어주시겠지만, 만약 제가 적합한 사람이 아니라면, 저에게 도움이 될 말을 지어내지는 않겠다는 생각이십니다."

소크라테스는 말했다. "크리토불로스여, 어느 쪽이 자네에게 이득이 될 것이라고 생각하는가? 자네를 거짓으로 칭송하는 게 좋을까? 아니면 자네를 설득하여 훌륭한 사람이 되도록 노력하게 하는 게 좋을까? **38** 자네에게 어느 쪽이 좋은지 분명하지 않다면, 이렇게 한번 살펴보세. 만약 내가 자네를 어떤 선주(船主)와 친구를 만들고자 하여 거짓말로 자네가 훌륭한 선장이라고 소개한다면, 그런데 그 선주는 내 말을 믿고 그의 배를 항해에 관해 아무것도 모르는 자네에게 맡긴다면, 자네에게 자네 자신과 그 배를 파선시키지 않을 무슨 희망이 있겠는가? 혹은 내가 공적으로 도시 전체를 향해 거짓말을 하여, 시민들이 자네를 장군이고 법관이고 정치가라고 믿고 일을 맡긴다면, 자네 자신과 국가는 자네로 인해 어떤 일을 겪으리라 생각하는가? 혹은 내가 사적으로 시민들 가운데 일부를 거짓말로 설득하여, 자네를 마치 유능한 재산 관리인이라고 믿고 그들의 재산을 맡긴다면, 자네는 그런 일에 도전하였다가 손해를 입히는 사람이자 동시에 가소로운 사람으로 보이지 않겠는가? **39** 크리토불로스여, 가장 안전하고 가장 아름답고 가장 짧은 지름길은 자네가 남들에게 그렇게 보이고자 하는 바로 그 훌륭함을 자네가 스스로 갖추는 것이네. 자세히 살펴보면, 사람들이 흔히 훌륭함이라고 부르는 것들은 모두 배움과 연습을 통해서 성장했다는 것을 자네는 발견하게 될 걸세. 크리토불로스여, 나는 이렇게 생각한다네. 우리 자신을 그렇게 만들어야 한다고 말이네. 자네가 다르게 생각한다면, 내게 알려주게."

크리토불로스는 말했다. "소크라테스님, 아닙니다. 그 말씀에 반대하는 것은 부끄러운 일입니다. 아름답지도 않고 참되지도 않은 것을 말하는 것일 테니까요."

작품 안내

1. 키케로의 생애

　마르쿠스 툴리우스 키케로(Marcus Tullius Cicero)는 기원전 106
년 1월 3일 아르피눔에서 부유한 기사계급의 집안에서 두 형제
가운데 맏형으로 태어났다. 그의 아버지는 두 형제를 일찍이 로
마로 유학 보내 철학과 수사학을 공부하게 했다. 당대의 유명한
법률 자문가였던 퀸투스 무키우스 조점관 스카이볼라와, 또 같
은 이름의 아들 대제관 스카이볼라 밑에서 배웠다. 기원전 81
년 처음으로 변호사 활동을 시작했으며, 기원전 80년 부친살해
혐의로 고발당한 로스키우스를 성공적으로 변호함으로써 명성
을 얻었다. 로스키우스 사건은 독재자 술라의 측근이 관련된 사

건으로 그는 술라의 측근이 저지른 전횡에 맞섰다. 이후 기원전 79~77년까지 아테나이와 로도스에서 수사학과 철학을 공부했으며 이때 포세이도니우스에게서도 배웠다.

기원전 75년 재무관을 시작으로 공직에 진출했으며, 기원전 70년 베레스 사건을 맡았다. 시킬리아 총독을 역임한 베레스를 재임 중 학정 혐의로 고발하여 유죄를 이끌어냈으며, 베레스를 변호한 사람은 퀸투스 호르텐시우스 호르탈루스였는데, 당시 로마에서 제일 뛰어난 변호사라는 칭송을 받던 사람을 상대로 승리함으로써 키케로는 로마 최고의 변호사라는 명성을 얻게 된다. 63년에 키케로는 집정관으로 선출되었다. 원로원 의원을 배출한 적이 없는 집안에서 평지돌출(homo novus)로 로마 최고 관직인 집정관에 올랐다. 그의 집정관 역임 시, 63년 집정관직을 놓고 경쟁했던 혈통귀족 카틸리나의 국가반역 사건을 적발했다. 63년에 행해진 카틸리나 탄핵을 통해 원로원은 원로원 최후권고를 통과시켜 카틸리나를 국가의 적으로 규정했으며, 이에 카틸리나는 친구들을 데리고 에트루리아로 도망쳤다. 반역사건에 연루된 인물들은 체포되어 63년 12월 5일에 재판 없이 처형되었다. 이런 식의 처형은 위법이라는 문제제기에도 불구하고 집행은 강행되었으며, 나중에 키케로는 개인적으로 이런 위법 행위에 대한 책임을 지고 로마에서 추방당했다. 물론 키케로는 말년까지 카틸리나 국가반역 사건에 맞선 일은 국가를 구한 훌륭한 업적이었다는 신념을 버리지 않았다.

기원전 60년 카이사르와 폼페이우스와 크라수스의 삼두정치가 시작되었다. 정치적 입지를 위협받던 키케로는 마침내 기원전 58년, 클로디우스 풀케르가 호민관 자격으로 로마 시민을 재판 없이 처형한 자는 추방되어야 한다는 법률을 통과시켰을 때, 추방에 앞서 자진해서 로마를 떠나 마케도니아로 도망쳤다. 이후 팔라티움 언덕에 위치한 키케로의 저택은 클로디우스가 이끄는 무리들에 의해 불태워졌고, 투스쿨룸의 별장도 큰 피해를 입었다. 이듬해 8월 4일 지지자들의 도움으로 키케로의 귀환에 관한 법률이 통과되었고, 9월 4일 키케로는 로마로 돌아올 수 있었다. 그가 입은 재산적 피해는 공적 자금으로 회복되었다. 하지만 정치적 영향력은 과거와 달랐다. 공적인 활동을 접고 저술활동에 전념한 키케로는 『연설가론 de oratore』을 기원전 55년에, 『연설문의 구성 partitiones oratoriae』을 54년에, 『법률론 de legibus』을 기원전 52년에, 『국가론 de re publica』을 기원전 51년에 출판했다. 53년에는 조점관으로 선출되었다.

기원전 49년 카이사르와 폼페이우스 사이의 갈등으로 내전이 발발했을 때 키케로는 앞서 기원전 51년 여름에서 기원전 50년 여름까지 킬리키아 총독으로, 49년에는 카푸아 총독으로 파견되어 로마를 떠나 있었다. 49년 3월 카이사르는 키케로를 만나 합류할 것을 권고했으나, 키케로는 이를 거절하고 희랍에 머물고 있던 폼페이우스 편에 가담했다. 48년 8월 9일 카이사르가 테살리아의 파르살루스에서 폼페이우스와 싸워 이겼을 때, 키케로는 카이사르의 허락을 얻어 이탈리아로 돌아올 수 있었고, 이후 온전히 저술활동에 매진했다. 이때 출간된 책들은 다음과 같다. 기원전 46년에 『스토아 철학의 역설 paradoxa stoicorum』, 『브루투스 Brutus』, 『연설가 orator』 등이 출판되었고, 기원전 45년에 『위로 consolatio』, 『호르텐시우스 Hortensius』(유실), 『아카데미아 학파 academica』, 『최고선악론 de finibus bonorum et malorum』, 『투스쿨룸 대화 Tusculanae disputationes』, 『신들의 본성에 관하여 de natura deorum』 등이 출판되었다. 기원전 44년에는 『예언술 de divinatione』, 『노(老)카토 노년론 de senectute』, 『운명론 de fato』, 『라일리우스 우정론 de amicitia』, 『덕에 관하여 de virtute』(단편), 『영광에 관하여 de gloria』(유실), 『의무론 de officiis』과 『토피카 topica』 등을 저술했다. 희랍에서 공부하고 있던 아들 마르쿠스 키케로에게 보낸 글이 바로 『의무론』이다. 『노(老)카토 노년론』, 『라일리우스 우정론』은 그의 친구 아티쿠스에게 헌정되었다.

　기원전 44년 3월 15일 카이사르가 암살되었다. 카이사르의 암살자들은 로마를 떠났으며 키케로는 정치무대로 복귀했다. 이때 그는 카이사르의 양자 옥타비아누스를 두둔하고, 안토니우스와 대립했다. 44월 9월 2일 카이사르의 뒤를 이은 안토니우스를 비판하는 일련의 연설을 시작했고, 43년 4월 21일까지 이어진 연설들을 우리는 『필립포스 연설 *orationes Philippicae*』이라고 부른다. 희랍의 유명한 연설가 데모스테네스가 마케도니아의 필립포스를 비판했던 것에서 그 명칭이 유래되었다. 이 연설을 통해 키케로는 안토니우스를 국가의 적으로 규정하고 이를 원로원이 의결할 것과, 즉시 군대를 파견하여 안토니우스를 공격할 것을 호소했다. 그러나 기원전 43년 11월 26일 안토니우스와 레피두스와 옥타비아누스가 합의한 삼두정치를 통해 키케로는 옥타비아누스에게 배신당했다. 안토니우스 일파는 살생부를 작성하여 반대파를 숙청했으며, 이를 피해 달아나던 키케로는 그를 쫓아온 군인들에게 잡혀 죽임을 당했다. 그때가 기원전 43년 12월 7일이었다.

개인사를 보면, 키케로는 테렌티아와 결혼하여 기원전 79년 딸 툴리아와 아들 마르쿠스 툴리우스 키케로를 낳았다. 딸 툴리아가 기원전 45년 사망한 일은 키케로에게 가장 큰 고통을 안겨준 사건이었다. 기원전 47/46 겨울 테렌티아와의 결혼생활을 청산했으며, 이후 푸브릴리아와 재혼했으나 곧 다시 이혼했다.

2. 행복한 삶에서 우정의 역할

사회 정치적으로 정의(正義)가 인간의 행복을 보장하는 하나의 축이라고 할 때, 사적 영역에서 윤리 도덕적으로 우정(友情)은 행복 실현의 또 다른 축이다.

'사랑 *amor*, φιλεῖν'이라는 단어에서 유래하는 '우정 *amicitia*, φιλία'은 호의와 호감에 따른 개인 사이의 친밀한 교제를 의미한다. 트로이아 전쟁에서 생사를 함께한 아킬레우스와 파트로클로스가 우정의 대표적 사례이며, 희랍에서는 아버지와 아들의 관계, 나이 차이가 크게 나는 사람들의 관계, 남편과 아내의 관계, 통치자와 피통치자의 관계까지도 '우정 φιλία'에 포함된다. 에피쿠로스주의자들은 그들의 학문적 생활 공동체를 우정이라는 개념으로 이해한다. 희랍의 '우정'과 달리, 가족 관계 등은 로마의 '우정 *amicitia*'에 포함되지 않는데, 로마의 우정은 정서적 연대보다는 상호 호혜를 가리키기 때문이다. '친구 *amicus*'는 로마와 친교를 맺고 있는 외국 정부나 그 수장을 일컫는 말로 쓰였고, 문학적 후원자인 부유한 유력인사들과 그들의 호의를 받은 시인들의 관계를 흔히 우정으로 이해하였다. 마에케나스는 해방노예의 아들 호라티우스를 '친구 *numerus amicorum*'로 받아주고, 호라티우스는 마에케나스의 '동거인 *convictor*'이 되었는바,[1] 마에케나스와 호라티우스의 관계는 후원자와 피후원자의 호혜적 관계에서 정서적 친밀함과 애정의 관계로 발전한 것으로 보인다.[2] 키케로

1 호라티우스, 『풍자시』 I 6, 45행 이하.

가 제시한 우정의 대표 사례는 라일리우스와 스키피오의 경우이며, 키케로는 라일리우스와 스키피오처럼 선한 사람들에게만 가능하다는 단서를 붙여 진정한 우정을 "의지와 열정과 생각의 완벽한 공감 *voluntatum studiorum sententiarum summa consensio*"[3]이라고 정의한다.

　우정이 중요하게 논의되는 것은 그것이 곧 행복의 문제이기 때문이다. 아리스토텔레스는 행복을 "인간 고유의 탁월성에 따르는 영혼의 어떤 활동"[4]이라고 정의하고, 개인의 윤리 도덕적 문제 차원에서 용기, 절제, 온화, 정의 등과 함께 탁월성의 하나로서 우정을 행복의 중요한 덕목으로 제시하며, 『니코마코스 윤리학』의 두 권(제8권과 제9권)을 할애하여 매우 비중 있게 논의한다. "다른 모든 좋은 것들을 다 가졌다 하더라도 친구가 없는 삶은 그 누구도 선택하지 않을 것이다."[5] 물론 아리스토텔레스가 보기에 행복은 개인의 윤리적 도덕적 차원에만 머무르지 않는 바, 그것은 동시에 도시 국가의 차원에서 다루어져야 할 사회 정치적 문제이며, 따라서 올바른 시민을 교육하는 일은 국가에 그 책임이 있다.[6]

2　호라티우스, 『서정시』 I 20, 5행 "소중한 마에케나스 *care Maecenas*".
3　키케로, 『라일리우스 우정론』 4, 15와 17, 61을 보라.
4　아리스토텔레스, 『니코마코스 윤리학』 1102a5 이하.
5　아리스토텔레스, 『니코마코스 윤리학』 1155a5 이하.

헬레니즘 시대의 희랍세계에서, '국가 질서의 몰락'으로 인해 행복은 개인의 윤리적 도덕적 문제로 축소되었고, 덕의 문제나 쾌락의 문제로 다루어졌다. 스토아주의자들은 덕을 강조하였다. 스토아 철학자 세네카도 개인 덕성의 도야를 중요시하였는바, 인간 덕성을 온전히 지켜낸 현자로서 그는 시대의 불안과 고통을 견뎌내는, 근심과 걱정에 흔들리지 않는 용기를 다지도록 설파하였다.[7] 세네카에게 행복한 삶은 고결한 마음과 올바른 판단

<hr />

6 『니코마코스 윤리학』 1179b33.

7 세네카도 물론 우정을 중요시하였다. 세네카, 『평상심에 관하여』 7, "참되고 진심 어린 우정보다 마음을 즐겁게 하는 것은 없습니다. 안심하고 모든 비밀을 털어놓을 사람들이 주변에 있다는 것은 얼마나 큰 축복입니까! 그들도 알고 있음이 당신 혼자만의 앎보다 두려울 것이 없으며, 그들과의 대화로 고독은 가벼워지며, 그들의 의논으로 계획이 생겨나고, 그들의 활기로 슬픔이 달아나며, 그들의 얼굴은 위안이 됩니다." Sen. *Epist.* 81.12 "*solus sapiens scit amare. solus sapiens amicus est.*" Sen. *Epist.* 9. 3 "*Illud nobis et illis commune est, sapientem se ipso esse contentum. Sed tamen et amicum habere vult et vicinum et contubernalem, quamquam sibi ipse sufficiat.*" Sen. *Epist.* 9.5 "*Ita sapiens se contentus est, non ut velit esse sine amico, sed ut possit. et hoc quod dico >possit< tale est: amissum aequo animo fert.*" 하지만 『행복한 삶에 관하여』에서 우정이 고려되지 않는 것으로 보아, 세네카는 우정을 행복한 삶의 필수적 사항으로 여기지 않았음을 알 수 있다. 세네카, 『행복한 삶에 관하여』 3, "행복한 삶은 자신의 본성에 맞추는 삶입니다. 그것은 무엇보다도 우선 정신이 건강하면서 그 상태를 계속 유지하며, 다음으로 정신이 강하고 힘이 있으며, 또한 훌륭하게 참아내고 어떤 상황에도 적응하며, 자신의 몸과 그 주변을 돌보되 과하지 않으며, 삶을 이루는 여타 것들에 관심을 두되 추앙하지 않으며, 운명의 선물을 이용하되 끌려다니지 않을 때 만나게 됩니다."

을 지켜 흔들리지 않는 항덕(恒德)에서 생겨나는 "평정과 영원한 평온 *securitas et perpetua tranquillitas*"이었다.[8]

한편 에피쿠로스주의자들은, 잘 알려진 것처럼, 행복을 '쾌락'으로 환원하였고, 쾌락을 인생에서 추구해야 할 최고선(最高善)으로 놓았다.[9] 그들에게 최고의 쾌락은 육체적 고통의 해방과 정신적 불안의 해소(*ataraxia*)를 의미하였다.[10] 철학은 고통과 불안의 원인인 어리석음을 몰아내기 위한 처방을 의미하였다.[11] 이를 지키는 가장 확고한 보루는 우정이었다.[12] 우정은 일단 쾌락에서 출발하지만, 시간을 두고 친밀감이 쌓이면 유용성과 상관없이 유지된다.[13] 이로써 그들은 궁극적으로 학문적 생활 공동체인 정원(kepos)을 이루고 살아가는데, 이것은 키케로의 말을 빌리면 "현자들의 공동체 *foedus quoddam sapientium*"인바, 행복한

---

8 Seneca, *Epist.* 92.3.

9 Epicurus, *Men.* 128 "διὰ τοῦτο τὴν ἡδονὴν ἀρχὴν καὶ τέλος λέγομεν εἶναι τοῦ μακαρίως ζῆν." Cicero, *De finibus* I 29 "*hoc Epicurus in voluptate ponit, quod summum bonum esse vult, summumque malum dolorem ...... voluptatem appetere et dolorem aspernari.*"

10 Epicurus, *Men.* 122 이하. *KD* 3 "ὅρος τοῦ μεγέθους τῶν ἡδονῶν ἡ παντὸς τοῦ ἀλγοῦντος ὑπεξαίρεσις"

11 Cicero, *De finibus* I 43 "*sapientia est adhibenda, quae et terroribus cupiditatibusque detractis et omnium falsarum opinionum temeritate derepta certissimam se nobis ducem praebeat ad voluptatem.*"

12 Epicurus, *KD* 28; Cicero, *De finibus* I 68.

13 Epicurus, *GV* 23.

삶을 위해 이보다 적합한 것은 없다.[14] 우정은 지혜가 행복한 삶을 살기 위해 마련하였던 모든 것 가운데 무엇보다 중요하고, 무엇보다 풍성하고, 무엇보다 즐거운 것이다.[15] 에피쿠로스는 메노이케우스에게 보낸 편지를 마무리하며, 행복의 원리를 깊이 생각해볼 것을 권하면서 이런 철학을 친구와 함께할 것 역시 당부한다. "그러므로 이것들, 또 이것들과 관련된 사안들을 밤낮으로 심사숙고하라. 그대 홀로, 그리고 그대를 닮은 그대 친구와 함께 πρός τε τὸν ὅμοιον σεαυτῷ."[16]

에피쿠로스는 그와 그의 친구들이 영위하는 우정이 가져온 최고의 쾌락과 가장 완벽한 안전이 깃든 곳으로 은둔한다. 우정은 에피쿠로스 공동체를 구성하고 단단히 묶어주는 원리였다.[17] 사람들은 사방에서 에피쿠로스를 찾아왔고 정원(kepos)에서 함께 살았다.[18] 이렇게 모인 친구들은 헤아릴 수 없을 정도로 많았

---

14 Cicero, *De finibus* I 70.

15 Epicurus, *KD* 27. Cicero, *De finibus* I 65 "*De qua(Sc. amicitia) Epicurus quidem ita dicit. omnium rerum quas ad beate vivendum sapientia comparaverit nihil esse maius amicitia, nihil uberius, nihil iucundius. nec vero hoc oratione solum, sed multo magis vita et factis et moribus comprobavit.*"

16 Epicurus, *Men* 135. "친구"를 "ὁ ὅμοιος σεαυτῷ"로 설명하는 것에 관해서는 플라톤, 『뤼시스』 213e 이하를 참조하라.

17 Cicero, *De finibus* I 20 "*quam magnos quantaque amoris conspiratione consentientis tenuit amicorum greges!*"

18 디오게네스 라에르티오스, 『유명한 철학자들의 생애와 사상』 X 10.

다.[19] 정원에서 에피쿠로스 현자들의 삶은 마치 신들의 회합과도 같았는데, 그들은 신적인 평온과 자유를 누렸다고 전한다. 정원에 머문다면, "당신은 결코 깨어서든 잠이 들어서든 혼란에 빠지지 않으며 인간들 가운데 마치 신과 같은 존재가 될 것이다."[20] 에피쿠로스 공동체는 계속해서 이성과 쾌락 가운데 살아가고자 노력하였다. 에피쿠로스에게 쾌락으로 가득한 삶이란 이성적으로 살아감과 같은 것을 의미하였다.[21] "우리는 웃으며 철학을 하며 집안을 돌보고 여타의 일들을 돌보되, 진정한 철학의 토론이 집에서 울려 퍼지도록 멈추지 말아야 합니다."[22]

로마 공화정 말기를 살았던 키케로를 보면, 물론 그는 국가가 행복의 중요하고 핵심적인 토대와 근간임을 포기한 것은 결코 아니었지만,[23] 말년의 많은 철학적 대화편의 배경으로 한적한 시골 별장에 모인 친구들의 모임을 택하였다는 점은 키케로 역시 우정을 행복한 삶과 연관시킨다는 인상을 준다.

19 디오게네스 라에르티오스, 『유명한 철학자들의 생애와 사상』 X 9.

20 Epicurus, *Men* 135.

21 Epicurus, *Men* 132; KD 5 = *GV* 5를 보라.

22 Epicurus, *GV* 41.

23 대략 기원전 51년 이전에 쓰인 키케로의 『국가론』과 『법률론』을 보라. 키케로가 기원전 45년 쓴 『최고선악론』은 헬레니즘 시대의 철학자들이 다룬 행복한 삶의 문제를 논하는 철학적 대화편으로, 우리는 이 대화편이 국가 소멸이라는 시대적 흐름 가운데 행복의 가능성을 찾으려는, 키케로가 행하는 헬레니즘 철학의 검토라고 평가할 수 있다.

3. 『라일리우스 우정론』

『라일리우스 우정론』은 우정을 주제로 한 전문적인 철학적 논고라기보다 로마 귀족들의 상식을 기반으로 국사에 참여했던 훌륭한 인물들을 사례로 우정을 칭송하고, 희랍 철학에서 오랫동안 이어진 철학적 논쟁의 배경을 노골적으로 드러내지 않으면서, 우정과 행복한 삶의 관계를 일상적인 수준에서 보여주는 대화편이다(Powell, *Cicero, Laelius on friendship*, p. 23). 하지만 책에서 다루는 인간의 본성적인 애정, 사회적 동물로서의 인간, 새로운 친구와 오래된 친구의 논의, 우월성에 따른 우정 논의 등은 뚜렷하게 아리스토텔레스의 우정론에서 받은 영향을 말해준다. 한편 유용성에 따르는 우정을 비판하는 대목은 『최고선악론』 1권 말미(I 20, 65~70)에서 볼 수 있는 에피쿠로스주의에 비판적인 키케로의 입장을 우리에게 명확하게 확인시켜준다.

기원전 44년 11월에 출판된 『의무론』(II 9, 31)에 "우정을 주제로 하여 라일리우스라고 제목을 붙인 다른 책에서 이야기하였다"라고 기록되어 있다. 『라일리우스 우정론』(1, 4)에 따르면 키케로의 『노(老)카토 노년론』이 먼저 쓰였다. 겔리우스(I 3, 10)는 키케로가 『라일리우스 우정론』을 테오프라스토스의 우정론을 토대로 작성하였다고 증언한다. 키케로는 『라일리우스 우정론』을 『노(老)카토 노년론』과 마찬가지로 그의 절친한 친구 아티쿠스에게 헌정한다. 인류 역사상 서너 쌍이 되지 않는 우정의 쌍이 있었다고 전제하고, 여기에 포함될 스키피오와 라일리우스의 우정을 기리는 형식적 틀 속에서 키케로는 아티쿠스와 그 자신의 우정을 생각하고 있었음이 분명하다.

『라일리우스 우정론』은 스키피오가 사망한 해(기원전 129년)의 어느 날 스키피오의 친구인 현자 라일리우스가 그의 두 사위, 가이우스 판니우스와 무키우스 스카이볼라와 함께 스키피오를 회상하여 인생에서 우정의 의미를 깊이 되새기며, 우정을 정의하고 우정을 지키기 위한 몇 가지 계명을 논하는 내용을 담고 있다. 라일리우스와 나눈 대화를 키케로에게 전달해준 사람이라고 키케로 본인이 언급한 조점관 스카이볼라는 말년에 키케로에게 법률적 지식을 가르쳤다. 라일리우스 집안은 선친 때부터 스키피오 집안과 인연이 깊었고, 현자 라일리우스는 당시 집정관이던 소(少)스키피오와 함께 제3차 카르타고 전쟁에 참전하였다. 로마의 농지 개혁에 대해서도 라일리우스와 소(少)스키피오는 같은 입장을 가졌던 것으로 보이는데, 농지 개혁 자체는 지지하였지만 그락쿠스 형제의 급진성에는 반대하는 모습을 보였다. 스키피오와 라일리우스가 활동하던 때에 소위 '스키피오 동아리'가 있었고, 이 동아리를 중심으로 희랍 세계의 학문들, 문학과 철학과 과학 등이 논의되었다고 한다. 기원전 2세기 '희랍 문화 수용'의 구심점이었다는 것이다. 희랍의 역사가 폴뤼비오스, 희랍의 철학자 파나이티오스, 로마 시인 테렌티우스와 파쿠비우스, 풍자시를 남긴 루킬리우스 등이 스키피오의 후원 아래 이 '모임'에서 활동하였던 것은 사실이다. 스키피오의 죽음, 그락쿠스 농지 개혁으로 야기된 로마 사회의 혼란, 대중 선동가들에 맞선 참된 정치가들의 대결, 소위 '스키피오 동아리'에 함께한 테렌티우스와 파쿠비우스의 인용 등 역사적 상황에 배치된 대화 내용은 대화 자체가 실제로 있었다는 착각을 불러일으킨다.

『라일리우스 우정론』의 라일리우스 강연은 크게 세 부분으로 나누어지며, 각 단락마다 도입부가 삽입되어 있다. 첫 번째 강연(17~24)은 우정에 대한 일반적인 검토와 칭송이다. 두 번째 강연(26~32)은 우정이 어떻게 생겨나는가를 다루며, 세 번째 강연(33~100)은 우정과 관련된 지침들을 전달한다.

4. 『라일리우스 우정론』의 판본

『라일리우스 우정론』의 사본은 그 인기만큼 엄청나게 많은 수가 존재하는데, 우리가 번역 모본으로 사용한 옥스퍼드 판본의 편집자 파월(J. G. F. Powell)은 르네상스 시대에 만들어진 수백의 사본들 가운데 옥스퍼드 판 편집에 도움을 준 것은 거의 없다고 말한다. 파월은 9세기에 만들어진 P 사본(Crocoviensis; 현재 폴란

드의 크라쿠프에 보관 중)을 시작으로 12세기에 만들어진 S 사본 (Monacensis; 현재 독일 뮌헨에 보관 중)과 B 사본(Monacensis; 현재 독일 뮌헨에 보관 중)까지 모두 14개의 사본을 토대로 하였다고 한다.

참고문헌

E. F. Crowell(noted), *M. Tulli Ciceronis Cato Maior de senectute, Laelius de amicitia*, Philadelphia, 1883.

A. S. Wilkins(ed.), *De Oratore Libri Tres*, Oxford University Press, 1892.

J. S. Reid(noted), *M. Tulli Ciceronis Laelius de amicitia*, Cambridge, 1893.

K. Simbeck(ed.), *M. Tullius Cicero, Laelius*, Teubner, 1919.

W. A. Falconer(ed.), *Cicero, de amicitia*, Harvard Univ. press, 1923.

R. Feger(ed.), Laelius, *Über die Freundschaft*, Stuttgart, 1970.

M. Faltner(ed.), *Laelius de amicitia*, Tusculum, 1980.

J. G. F. Powell(translated & noted), *Cicero, Laelius on friendship, the dream of Scipio*, Aris & Philips, 1990.

J. G. F. Powell(ed.), *M. Tulli Ciceronis Laelius de amicitia*, Oxford, 2006.

천병희(번역), 『노년에 관하여, 우정에 관하여』, 숲, 2005.

천병희(번역), 『일리아스』, 숲, 2007.

천병희(번역), 『에우리피데스 비극 전집』, 숲, 2009.

천병희(번역), 『헤로도토스 역사』, 숲, 2009.

천병희(번역), 『아리스토파네스 희극 전집』, 숲, 2010.

김재홍 외(번역), 『니코마코스 윤리학』, 길, 2011.

김남우(번역), 『아이네이스』 I, 열린책들, 2013.

김남우(번역), 『설득의 정치』, 민음사, 2015.

김남우(번역), 『카르페 디엠』, 민음사, 2016.

김남우 외(번역), 『세네카의 대화, 인생에 관하여』, 까치, 2016.

김재홍(번역), 『정치학』, 길, 2017.

강대진(번역), 『신들의 본성에 관하여』, 그린비, 2019.

김남우(번역), 『호라티우스의 시학』, 민음사, 2019.

강철웅(번역), 『뤼시스』, 아카넷, 2021.

김주일(번역), 『소크라테스 회상』, 아카넷, 2021.

송유레(번역), 『에우데모스 윤리학』, 아카넷, 2021.

이정호 외(번역), 『유명한 철학자들의 생애와 사상』, 나남, 2021.

김남우(번역), 『투스쿨룸 대화』, 아카넷, 2022.

찾아보기

아라비아 숫자는 문단 번호다. 본문에는 로마자로 표시된 다른 본문 번호도 달려 있지만, 찾아보기에서는 생략했다.

인명

옮긴이의 말

"김우철 선생을 기억합니다."

2021년 말부터 바쁘게 움직여 또 하나의 과제를 마치게 되었다. 어려운 고비마다 힘을 보태준 많은 친구들에게 늘 어떻게 보답해야 할지 모르겠다. 키케로 연구번역팀을 위해 수고해주신 정암학당 사무국장 이옥심 선생님께 심심한 감사의 인사를 전한다. 키케로 연구번역팀을 뒤에서 지원해주는 학당장 김주일 선생님과 연구실장 한경자 선생님께도 감사를 전한다. 『라일리우스 우정론』 강독과 윤독에 참여해준 키케로팀에게 감사한다. 강독의 뜨거운 열기를 번역에 고스란히 담을 수 있었으면 좋았을 텐데, 역량이 뜻에 미치지 못하는 것을 한탄한다. 이정호 이사장님이 늘 건강하시길 빈다.

2022년 2월 22일
김남우

사단법인 정암학당을 후원해 주시는 분들

정암학당의 연구와 역주서 발간 사업은 연구자들의 노력과 시민들의 귀한 뜻이 모여 이루어집니다. 학당의 모든 연구는 시민들의 자발적인 후원을 바탕으로 하기 때문입니다. 그 결실을 담은 '정암고전총서'는 연구자와 시민의 연대가 만들어 내는 고전 번역 운동의 산물이라고 할 수 있습니다. 이 같은 학술 운동의 역사적 의미를 기리고자 이 사업에 참여한 후원회원 한 분 한 분의 정성을 이 책에 기록합니다.

평생후원회원

Alexandros Kwanghae Park　　강대진　강상진　강선자　강성훈　강순전　강창보
강철웅　고재희　권세혁　권연경　기종석　길명근　김경랑　김경현　김기영
김남두　김대오　김미성　김미옥　김상기　김상수　김상욱　김상현　김석언
김석준　김선희(58)　김성환　김숙자　김영균　김영순　김영일　김영찬　김운찬
김유순　김 율　김은자　김인곤　김재홍　김정락　김정란　김정례　김정명
김정신　김주일　김진성　김진식　김출곤　김 헌　김현래　김현주　김혜경
김혜자　김효미　류한형　문성민　문수영　문종철　박계형　박금순　박금옥
박명준　박병복　박복득　박상태　박선미　박세호　박승찬　박윤재　박정수
박정하　박종민　박종철　박진우　박창국　박태일　박현우　반채환　배인숙
백도형　백영경　변우희　서광복　서 명　서지민　설현석　성중모　손병석
손성석　손윤락　손효주　송경순　송대현　송성근　송순아　송유레　송정화
신성우　심재경　안성희　안 욱　안재원　안정옥　양문흠　양호영　엄윤경
여재훈　염수균　오서영　오지은　오흥식　유익재　유재민　유태권　유 혁
윤나다　윤신중　윤정혜　윤지숙　은규호　이기백　이기석　이기연　이기용
이두희　이명호　이미란　이민숙　이민정　이상구　이상원　이상익　이상인
이상희(69)　이상희(82)　이석호　이순이　이순정　이승재　이시연　이광영　이영원
이영호(48)　이영환　이옥심　이용구　이용술　이용재　이용철　이원제　이원혁
이유인　이은미　이임순　이재경　이정선(71)　이정선(75)　이정숙　이정식　이정호
이종환(71)　이종환(75)　이주형　이지수　이 진　이창우　이창연　이창원　이충modn
이춘매　이태수　이태호　이필렬　이향섭　이향자　이황희　이현숙　이현임
임대윤　임보경　임성진　임연정　임창오　임환균　장경란　장동익　장미성
장영식　전국경　전병환　전헌상　전호근　정선빈　정세환　정순희　정연교
정 일　정정진　정제문　정준영(63)　정준영(64)　정태흡　정해남　정흥교　정희영
조광제　조대호　조병훈　조익순　지도영　차경숙　차기태　차미영　최 미
최세용　최수영　최병철　최영임　최영환　최운규　최원배　최윤정(77)　최은영
최인규　최지호　최 화　표경태　풍광섭　하선규　하성권　한경자　한명희
허남진　허선순　허성도　허영현　허용우　허정환　허지현　홍섬의　홍순정
홍 훈　황규빈　황유리　황예림　황희철
나와우리〈책방이음〉　　　　　　　도미니코 수도회　　　도바세　방송대문교소담터스터디
방송대영문과07 학번미아팀　　　법률사무소 큰숲　　　부북스출판사(신현부)
생각과느낌 정신건강의학과　　　이제이북스　　　카페 벨라온

개인 246, 단체 10, 총 256

후원위원

강성식	강승민	강용란	강진숙	강태형	고명선	곽삼근	곽성순	구미희
길양란	김경원	김나윤	김대권	김명희	김미란	김미선	김미향	김백현
김병연	김복희	김상봉	김성민	김성윤	김순희(1)	김승우	김양희(1)	김양희(2)
김애란	김영란	김옥경	김용배	김윤선	김정현	김지수(62)	김진숙(72)	김현제
김형준	김형희	김희대	맹국재	문영희	박미라	박수영	박우진	박현주
백선옥	사공엽	서도식	성민주	손창인	손혜민	송민호	송봉근	송상호
송연화	송찬섭	신미경	신성은	신영옥	신재순	심명은	오현주	오현주(62)
우현정	원해자	유미소	유형수	유효경	이경진	이명옥	이봉규	이봉철
이선순	이선희	이수민	이수은	이승목	이승준	이신자	이은수	이재환
이정민	이주완	이지희	이진희	이평순	이한주	임경미	임우식	장세백
전일순	정삼아	정은숙	정현석	조동제	조명화	조문숙	조민아	조백현
조범규	조성덕	조정희	조준호	조진희	조태현	주은영	천병희	최광호
최세실리아		최승렬	최승아	최이담	최정옥	최효임	한대규	허 민
홍순혁	홍은규	홍정수	황정숙	황훈성	정암학당1년후원			

문교경기〈처음처럼〉　　　　　　문교수원3학년학생회　　　　　문교안양학생회
문교경기8대학생회　　　　　　　문교경기총동문회　　　　　　문교대전충남학생회
문교베스트스터디　　　　　　　　문교부산지역7기동문회　　　　문교부산지역학우일동(2018)
문교안양학습관　　　　　　　　　문교인천동문회　　　　　　　　문교인천지역학생회
방송대동아리〈아노도스〉　　　　방송대동아리〈예사모〉　　　　방송대동아리〈프로네시스〉
사가독서회

개인 122, 단체 16, 총 138

후원회원

강경훈	강경희	강규태	강보슬	강상훈	강선옥	강성만	강성심	강신은
강유선	강은미	강은정	강임향	강주완	강창조	강 항	강희석	고경효
고복미	고숙자	고승재	고창수	고효순	곽범환	곽수미	구본호	구익희
권 강	권동명	권미영	권성철	권순복	권순자	권오성	권오영	권용석
권원만	권장용	권정화	권해명	권혁민	김경미	김경원	김경화	김광석
김광성	김광택	김광호	김귀녀	김귀종	김길화	김나경(69)	김나경(71)	김남구
김대겸	김대훈	김동근	김동찬	김두훈	김 들	김래영	김명주(1)	김명주(2)
김명하	김명화	김명희(63)	김문성	김미경(61)	김미경(63)	김미숙	김미정	김미형
김민경	김민웅	김민주	김범석	김병수	김병옥	김보라미	김봉습	김비단결
김선규	김선민	김선희(66)	김성곤	김성기	김성은(1)	김성은(2)	김세은	김세원
김세진	김수진	김수환	김순금	김순옥	김순호	김순희(2)	김시형	김신태
김신판	김승원	김아영	김양식	김영선	김영숙(1)	김영숙(2)	김영애	김영준
김옥주	김용술	김용한	김용희	김유석	김은미	김은심	김은정	김은주
김은파	김인식	김인애	김인욱	김인자	김일학	김장생	김정식	김정현
김정현(96)	김정화	김정훈	김정희	김종태	김종호	김종희	김주미	김중우

김지수(2)	김지애	김지열	김지유	김지은	김진숙(71)	김진태	김철한	김태식
김태욱	김태헌	김태희	김평화	김하윤	김한기	김현규	김현숙(61)	김현숙(72)
김현우	김현정	김현정(2)	김현철	김형규	김형전	김혜숙(53)	김혜숙(60)	김혜원
김혜정	김홍명	김홍일	김희경	김희성	김희준	나의열	나춘화	나혜연
남수빈	남영우	남원일	남지연	남진애	노마리아	노미경	노선이	노성숙
노채은	노혜경	도종관	도진경	도진해	류다현	류동춘	류미희	류시운
류연옥	류점용	류종덕	류진선	모영진	문경남	문상흠	문순혁	문영식
문정숙	문종선	문준혁	문찬혁	문행자	민 영	민용기	민중근	민해정
박경남	박경수	박경숙	박경애	박귀자	박규철	박다연	박대길	박동심
박명화	박문영	박문형	박미경	박미숙(67)	박미숙(71)	박미자	박미정	박배민
박보경	박상선	박상준	박선대	박선희	박성기	박소운	박순주	박순희
박승억	박연숙	박영찬	박영호	박옥선	박원대	박원자	박윤하	박재준
박정서	박정오	박정주	박정은	박정희	박종례	박주현	박준용	박준하
박지영(58)	박지영(73)	박지희	박진만	박진현	박진희	박찬수	박찬은	박춘례
박태안	박한종	박해윤	박헌민	박현숙	박현자	박현정	박현철	박형전
박혜숙	박홍기	박희열	반덕진	배기완	배수영	배영지	배제성	배효선
백기자	백선영	백수영	백승찬	백애숙	백현우	변은섭	봉성용	서강민
서경식	서동주	서두원	서민정	서범준	서승일	서영식	서옥희	서용심
서월순	서정원	서지희	서창립	서회자	서희승	석현주	설진철	성 염
성윤수	성지영	소도영	소병문	소선자	손금성	손금화	손동철	손민석
손상현	손정수	손지아	손태현	손혜정	송금숙	송기섭	송명화	송미희
송복순	송석현	송염만	송요중	송원욱	송원희	송유철	송인애	송진우
송태욱	송효정	신경원	신기동	신명우	신민주	신성호	신영미	신용균
신정애	신지영	신혜경	심경옥	심복섭	심은미	심은애	심정숙	심준보
심희정	안건형	안경화	안미희	안숙현	안영숙	안정숙	안정순	안진구
안진숙	안화숙	안혜정	안희경	안희돈	양경엽	양미선	양병만	양선경
양세규	양예진	양지연	엄순영	오명순	오승연	오신명	오영수	오영순
오유석	오은영	오진세	오창진	오혁진	옥명희	온정민	왕현주	우남권
우 람	우병권	우은주	우지호	원만희	유두신	유미애	유성경	유정원
유 철	유향숙	유희선	윤경숙	윤경자	윤선애	윤수홍	윤여훈	윤영미
윤영선	윤영이	윤 옥	윤은경	윤재은	윤정만	윤혜영	윤혜진	이건호
이경남(1)	이경남(72)	이경미	이경선	이경아	이경옥	이경원	이경자	이경희
이관호	이광로	이광석	이군무	이궁훈	이권주	이나영	이다영	이덕제
이동래	이동조	이동춘	이명란	이명순	이미옥	이병태	이복희	이상규
이상래	이상봉	이상선	이상훈	이선민	이선이	이성은	이성준	이성호
이성훈	이성희	이세준	이소영	이소정	이수경	이수련	이숙희	이순옥
이승용	이승훈	이시현	이아람	이양미	이연희	이영숙	이영신	이영실
이영애	이영애(2)	이영철	이영호(43)	이옥경	이용숙	이용웅	이용찬	이용태
이원용	이윤주	이윤철	이은규	이은심	이은정	이은주	이이숙	이인순

| 옮긴이

김남우

로마 문학 박사. 연세대학교 철학과를 졸업했다. 서울대학교 서양고전학 협동과정에서 희랍
서정시를 공부하였고, 독일 마인츠에서 로마 서정시를 공부하였다. 정암학당 연구원이다. 연
세대학교와 KAIST에서 가르친다. 마틴 호제의 『희랍문학사』, 오비디우스의 『변신 이야기』, 에
라스무스의 『격언집』, 『우신예찬』, 토머스 모어의 『유토피아』, 몸젠의 『로마사』, 호라티우스의
『카르페디엠』, 『시학』, 베르길리우스의 『아이네이스』를 번역하였으며, 『Fabvla Docet 파불라
도케트— 희랍 로마 신화로 배우는 고전 라티움어』를 저술했다.

정암고전총서는 정암학당과 아카넷이 공동으로 펼치는 고전 번역 사업입니다.
고전의 지혜를 공유하여 현재를 비판하고 미래를 내다보는 안목을 키우는
문화적 기반을 마련하고자 합니다.

정암고전총서 플라톤 전집

라일리우스 우정론

1판 1쇄 찍음 2022년 4월 5일
1판 1쇄 펴냄 2022년 4월 29일

지은이 키케로
옮긴이 김남우
펴낸이 김정호

책임편집 박수용
디자인 이대응

펴낸곳 아카넷
출판등록 2000년 1월 24일(제406-2000-000012호)
주소 10881 경기도 파주시 회동길 445-3 2층
전화 031-955-9510(편집) · 031-955-9514(주문)
팩시밀리 031-955-9519
www.acanet.co.kr

© 김남우, 2022

Printed in Paju, Korea.

ISBN 978-89-5733-788-2 94160
ISBN 978-89-5733-746-2 (세트)

이 저서는 2019년 대한민국 교육부와 한국연구재단의 지원을 받아 수행된 연구임
(NRF-2019S1A5C2A02082718)